# MARIE-LOUISE

## ET LA

# CHUTE DE NAPOLÉON

CONTRIBUTION A LA BIOGRAPHIE DE MARIE-LOUISE

PAR

## AUGUSTE FOURNIER

Extrait de la *Revue historique*,

Tome LXXXII, année 1903.

*(Les tirages à part ne peuvent être mis en vente.)*

PARIS

1903

# MARIE-LOUISE

## ET LA

# CHUTE DE NAPOLÉON

## CONTRIBUTION A LA BIOGRAPHIE DE MARIE-LOUISE

PAR

## AUGUSTE FOURNIER

---

Extrait de la *Revue historique*,

Tome LXXXII, année 1903.

*(Les tirages à part ne peuvent être mis en vente.)*

---

PARIS

1903

# MARIE-LOUISE

## ET LA

# CHUTE DE NAPOLÉON

———

## CONTRIBUTION A LA BIOGRAPHIE DE MARIE-LOUISE[1].

———

M. Frédéric Masson, ardent admirateur de Napoléon, a publié, indépendamment de deux volumes consacrés aux écrits de jeunesse de Bonaparte, plusieurs forts volumes sur sa vie privée : *Napoléon et sa famille*, *Napoléon et les femmes*, *Napoléon chez lui ;* tout ce qui touche à l'Empereur a été pour lui l'objet du plus minutieux examen. Il est incontestable que, de ces études sur la vie intime de Napoléon, l'histoire sérieuse a tiré maint profit et, du même coup, revisé à plusieurs points de vue son jugement, mais elle doit, cependant, éviter de se laisser aller à l'admiration excessive que manifestent pour Napoléon, à côté de M. Masson, d'autres historiens tels que MM. Arthur Lévy ou Welschinger, comme elle devait se tenir en garde contre les jugements trop sévères de Lanfrey ou de Taine.

Récemment, M. Masson a fait suivre ses vastes travaux sur Joséphine d'un volume sur *Marie-Louise*[2]. Il y peint l'Impératrice non sans une certaine sympathie, lui rendant justice pour le grand sacrifice qu'elle fit, en 1810, à la politique et au salut de l'État autrichien, quand, à dix-huit ans, elle prit pour époux l'ennemi détesté de sa patrie. Il est heureux de citer un propos

———

1. Cet article a paru, en allemand, dans la *Deutsche Rundschau* de septembre 1902. L'auteur a bien voulu nous autoriser à en publier une traduction, avec le texte inédit des lettres françaises. [NOTE DE LA RÉD.]
2. *L'Impératrice Marie-Louise*, 1809-1815. Paris, 1902.

de l'archiduchesse, qui aurait dit à Metternich : « Quand il s'agit de l'intérêt de l'empire, il ne faut prendre conseil que de lui, non de ma volonté. Priez mon père de s'inspirer de ses devoirs de souverain et de ne les subordonner à aucun intérêt qui se rattache à ma personne[1]. » Cela n'avait rien que de très naturel. Mais que, quatre ans plus tard, quand les intérêts et la situation de l'Autriche trouvaient un obstacle dans la prolongation de la vie en commun de Marie-Louise et de l'Empereur détrôné, celle-ci se rendît encore une fois au désir de son père et, au lieu de partager l'exil de son mari, partît pour Vienne avec son fils, M. Masson lui en fait un reproche, tout comme auparavant M. Houssaye dans son *1815*, M. Welschinger dans son *Roi de Rome* et plusieurs autres. La seule excuse que cette école historique française lui accorde, elle la trouve dans la pression qu'on exerçait sur elle, dans les moyens condamnables que la cour de Vienne aurait employés pour la détacher de son mari et auxquels son caractère faible et irrésolu n'avait point la force de résister. Il est incontestable, assurément, que Catherine de Wurtemberg, qui, à l'époque même de l'adversité, ne voulut point se séparer de Jérôme, mérite, à certains égards, plus d'éloges. Il convenait seulement, quand on ne trouve rien à redire à ce qu'un monarque se débarrasse d'une femme épousée dans les formes légales, comme c'était le cas de Napoléon avec Joséphine, de ne point parler de principes avec trop de chaleur.

Marie-Louise n'était pas une femme dont le caractère eût la trempe du fer : elle avait commencé par se plier sous l'impérieuse décision paternelle, puis s'était soumise avec docilité à l'autorité de son mari et s'était accoutumée à se laisser guider en tout par la volonté d'un autre. Vint l'année 1814, l'écroulement du trône auquel la politique l'avait élevée et, au milieu de la confusion d'une crise épouvantable, le 7 avril, à Blois, où elle s'était réfugiée, une lettre adressée de Fontainebleau par son mari, qui dut faire sur elle l'impression la plus profonde et la plus durable : il était perdu, son heure avait sonné, il ne voulait pas l'entraîner dans son malheur, elle devait se jeter entièrement dans les bras

---

1. C'est du moins la version que donnent les *Papiers posthumes* de Metternich (I, 100, édit. allemande). Mais, d'autre part, nous savons aussi, par une lettre de la jeune impératrice (du 5 décembre 1810) à son père, qu'elle lui avait soumis, un an auparavant, la prière de lui épargner ce sacrifice et que l'empereur « n'avait pas voulu y consentir » (Helfert, *Marie-Louise*, p. 403).

de son père[1]. Le premier mouvement de Marie-Louise paraît avoir été, d'après le récit du colonel Galbois, qui a porté la lettre, de se rendre en hâte près de Napoléon, car c'était là que l'appelait son devoir, comme elle disait. Le colonel prétend que c'est lui-même qui la détourna de ce projet, en lui en montrant les dangers de toute sorte, si bien qu'elle le chargea seulement de porter à l'Empereur une lettre destinée à relever son âme abat-

1. Nous ne connaissons pas cette lettre dans toute sa teneur. Metternich lui-même, qui la cite dans son rapport à l'empereur François du 11 avril 1814, n'en a connu le prétendu contenu que par un officier de l'Impératrice, M. de Sainte-Aulaire, qui était arrivé à Paris avec une lettre du 8 avril de la fille à son père. Il raconte encore à ce sujet : « Sainte-Aulaire ajoutait que cette lettre était écrite sur un ton mystique à faire croire que l'Empereur était convaincu qu'on allait le tuer ou qu'il était résolu à se livrer sur lui-même à n'importe quel attentat. » « Quant au dernier point, » ajoutait Metternich, « il en est incapable » (Vienne, Archives de l'État). Helfert cite le passage dans sa *Marie-Louise*, p. 435. Dans les *Papiers posthumes* de Metternich (II, 469), cette partie du rapport fait défaut. Houssaye, Welschinger et même Masson ne tiennent aucun compte de cette lettre, bien que le livre d'Helfert ne leur soit pas inconnu. Savary, dans ses *Mémoires* (l. VII), confirme qu'à ce moment Napoléon, après sa seconde abdication du 6 avril, aurait conseillé à l'impératrice « de se tourner vers son père, maintenant qu'il ne pouvait plus la protéger. » Cf. Méneval, *Mémoires*, II, 93. L'authenticité du renseignement ne peut donc être mise en doute. Ce qui d'ailleurs témoigne encore de l'état d'âme profondément déprimé de l'empereur, c'est la lettre qu'il adressa à Méneval le 7 avril et que celui-ci ne reçut plus à Blois, mais seulement à Orléans, dans la nuit du 9 au 10. Cette lettre aussi, d'après la relation de Méneval dans ses *Mémoires* (II, 78), n'aurait pas caché la possibilité « même de la mort de l'Empereur. » Mais, d'autre part, elle laissait paraître l'espérance de Napoléon de voir transmettre la couronne à son fils. « Il avait été convenu avec l'empereur d'Autriche, y était-il dit, que la couronne passerait au roi de Rome. » Cette assertion fut alors généralement acceptée, mais elle n'était point conforme à la vérité. Schwarzenberg a ouvertement expliqué aux maréchaux français à Paris que l'Autriche ne songeait pas à une régence, et l'empereur Alexandre le leur a confirmé (Macdonald, *Mémoires*, p. 272, 277); Metternich écrivit le 7 avril au conseiller d'État Hudelist à Vienne : « Nous attendons des nouvelles du comte d'Artois; l'empereur (François) entrera en même temps que lui à Paris. Le père de l'Impératrice pouvait désirer éviter d'être à Paris juste au moment où sa fille tombait du trône; mais ce sera l'empereur d'Autriche qui installera les Bourbons. » Dans un rapport du 13 avril du ministre à l'empereur, dont l'entrée solennelle à Paris est devenue une nécessité, on trouve : « Ce public en effet n'admet point que le changement de gouvernement se fasse sans la connivence de Votre Majesté, et l'empereur Napoléon a sous main répandu le bruit que l'Autriche ne laissera certainement échapper aucune occasion de replacer sur le trône la dynastie napoléonienne. » Enfin, Metternich écrit le 21 avril à Hudelist que le parti favorable à la régence est encore très considérable : « Mais, comme nous emmenons l'Impératrice et le prince, il reste sans véritable point d'appui » (Vienne, Archives de l'État).

tue[1]. Mais ensuite, après une nuit d'anxieuses réflexions, elle écrivit aussi à son père, auquel l'Empereur déchu l'avait lui-même adressée. C'est en lui qu'elle voit désormais son seul soutien et celui de son fils, après que Napoléon eût dû abdiquer pour celui-ci aussi. Dans cette lettre du 8 avril, elle demande seulement un asile en Autriche : « Tout ce que je souhaite, c'est de pouvoir vivre tranquille, n'importe où dans vos États, et de pouvoir élever mon fils. Dieu sait que je lui dirai de ne jamais avoir d'ambition ! » Un peu après, elle revient pourtant encore à sa première intention d'aller trouver Napoléon à Fontainebleau et elle en fait part, dans une lettre du même jour, à son père, en recommandant à sa sollicitude l'avenir de son fils : « Je suis convaincue que vous ne voulez pas lui donner la souveraineté de l'île d'Elbe seule... Ce malheureux enfant, qui est innocent de toutes les fautes de son père, ne mérite pas de partager avec lui une si triste situation. Je suis sûre que vous le défendrez et moi aussi. Je sais qu'il ne peut plus compter sur la France ; je vous prie donc, si cela est possible, de lui faire obtenir quelques autres possessions[2]. »

Mais était-ce encore, maintenant, sa résolution la plus intime d'aller trouver Napoléon ? Était-ce son désir ? On l'a généralement supposé jusqu'ici. Ce n'est cependant pas établi. Justement, dans cette seconde lettre du 8 avril que nous venons de citer et que Bausset doit porter à son père, elle annonce l'arrivée du général russe Schouvalov en qualité de commissaire des puissances alliées et du baron de Saint-Aignan comme fondé de pouvoirs du gouvernement français, « qui m'ont exposé la situation dans laquelle se trouve à présent l'Empereur (Napoléon)... Je pars demain pour Fontainebleau. » Ainsi, lorsque Masson pense, comme les autres, que Schouvalov serait apparu pour la détourner, au besoin par la force, de son intention d'aller trouver son mari, cela n'est point exact[3]. Les deux envoyés avaient bien

---

1. Le récit de Galbois se trouve dans les *Mémoires* de Savary, VII, 155. Quant aux Mémoires du colonel, auxquels renvoie Welschinger (*le Roi de Rome*, p. 69), qui s'obstine à l'appeler Garbois, ils n'existent pas.

2. Helfert, p. 304 et 307.

3. *L'Impératrice Marie-Louise*, p. 572 : « Ce qui met promptement un terme à son intention sinon d'un rapprochement, au moins du voyage à Fontainebleau, c'est l'apparition du comte Schuwalow... » « Il se donne comme chargé de conduire l'Impératrice et son fils à Orléans et s'assure de leurs personnes. »

plutôt la mission de conduire l'Impératrice à Fontainebleau et, de fait aussi, ils l'emmenèrent, le 9 avril, jusqu'à Orléans. Mais, ici, elle s'arrête le jour suivant et écrit lettre sur lettre à son père. Du dessein de continuer le voyage vers Fontainebleau, il ne s'y trouve plus un mot. Il y est dit au contraire : « L'Empereur (Napoléon) part pour l'île d'Elbe ; je lui ai expliqué que rien ne me déterminera à m'éloigner d'ici avant de vous avoir vu et d'avoir entendu de vous ce que vous me conseillez. On veut m'emmener d'ici contre ma volonté... » Et ensuite : « Dieu sait où j'irai encore[1]. » On veut l'emmener contre sa volonté? Qui? Ce ne peut être que Schouvalov, car il est à présent le maître. Et où? Une lettre de l'empereur François I$^{er}$, qui n'était pas encore à Paris, mais était en route pour cette ville et séjournait alors à Châtillon, répond sur ce point ; il la fit écrire, le 10 avril, par le comte Stadion à Metternich, qui, déjà, était arrivé dans la capitale. L'empereur, y était-il dit, venait d'apprendre par Schwartzenberg que Schouvalov avait été envoyé à Blois vers « l'archiduchesse » Marie-Louise pour la conduire de là à Fontainebleau[2].

Voilà bien ce qu'il y a dans les *Mémoires* de Méneval, II, 71. Mais, dans Bausset (II, 224), on trouve : « A Orléans et *ensuite à Fontainebleau.* »

1. Helfert, *Marie-Louise*, p. 314.

2. *Stadion à Metternich.*

Châtillon-sur-Seine, le 10 avril 1814.

« Mon Prince,

« L'Empereur vient d'apprendre, par les rapports de M. le Prince de Schwarzenberg, que M. le Général, comte de Schouwaloff, a été envoyé à M$^{me}$ l'Archiduchesse Marie-Louise à Blois pour la conduire de là à Fontainebleau. Sa Majesté se serait attendue que les cours alliées ne prendraient aucune détermination relative à la personne de M$^{me}$ Sa Fille sans l'en prévenir et sans s'en être préalablement concertées avec Elle. Depuis le moment que M$^{me}$ l'Archiduchesse se trouve séparée de son mari, c'est à son Auguste Père qu'elle tient uniquement, et c'est lui qui peut et qui doit la prendre sous sa protection. L'Empereur m'ordonne en conséquence de charger V. A. de Ses justes réclamations à cet égard. Il demande que M$^{me}$ Sa Fille, avec Son enfant, Lui soit remise, afin qu'Il la fasse conduire, d'une manière digne de Sa naissance, dans Ses états et qu'Il Lui donne, à Elle et à Son fils, un établissement convenable jusqu'au tems où Son sort sera définitivement fixé. L'Empereur désire, mon Prince, que Vous fassiez immédiatement les démarches nécessaires à cet effet et que Vous l'informiez, sans le moindre retard et avec détail, des mesures que Vous aurez prises pour faire remettre M$^{me}$ l'Archiduchesse entre les mains de S. M. Elle Se rend demain à Troyes, où Elle veut attendre les réponses de Paris. Ce sera donc dans cette direction qu'il faudra diriger le voyage de Son Altesse Impériale.

« M. le général Duka écrit aujourd'hui à M. le Prince de Schwarzenberg sur

Metternich apprit par les lettres de l'Impératrice qui passaient par Paris, et qu'il ouvrait, « sa situation très angoissante; » aussi envoya-t-il, le 11, les princes Esterhazy et Liechtenstein vers Marie-Louise avec une lettre où il l'engageait à se rendre, sans perdre de temps, à Rambouillet, pour s'y rencontrer avec son père. Caulaincourt devait l'y accompagner. En même temps, il faisait donner des instructions dans le même sens à Schouvalov par l'empereur Alexandre. « De cette façon, » écrit le 11 le ministre à son souverain, « l'Impératrice et Votre Majesté obtenez libre volonté de faire ce que vous jugerez bon, et Sa Majesté sort des angoissantes circonstances actuelles[1]. » Leur mission remplie, les deux gentilshommes revinrent à Paris, pendant que Marie-Louise, le même jour, — c'était le 12 avril, — partait d'Orléans pour Rambouillet avec une escorte russe. « Sa Majesté l'Impératrice, » raconte alors Metternich à l'empereur François, le 13, « qui se sentait toujours avec anxiété exposée à ce que l'empereur Napoléon vînt la prendre à Orléans, est partie, trois heures après l'arrivée de mes envoyés, sur la route de Rambouillet[2]. »

En conséquence, l'opinion que Marie-Louise ait voulu aller trouver son mari à Fontainebleau, mais que l'autorité des alliés l'en ait empêchée, ne semble guère être soutenable. Il faut plutôt admettre que, déjà sous l'impression de la lettre résignée de Napoléon du 6 avril, en présence de bruits qui ne cessaient de courir sur la tentative de suicide et de la nouvelle qu'il était exilé à l'île d'Elbe, elle ait abandonné sa première pensée d'aller le

la nécessité de presser les arrangemens sur la route de Troyes à Paris pour faire arriver l'Empereur d'une manière décente et convenable dans cette capitale.

« Veuillez agréer, je Vous prie, mon Prince, les assurances de ma haute considération.

STADION. »

(Vienne, Archives de l'État.)

1. *Ibid.* Quand Bausset, dans ses *Mémoires* (II, 224), remarque que Schouvalov l'avait informé le 8 avril que l'Impératrice devait partir d'Orléans pour Rambouillet, qu'on en avait ainsi décidé à Paris, il y a là un lapsus de mémoire. Car c'est seulement le 11 que Metternich écrit à François 1er : « En même temps, j'ai fait donner au comte Schouvalov des instructions en tous points semblables par l'empereur Alexandre. » Le 8, Schouvalov devait donc en avoir d'autres.

2. *Ibid.* Comme on le sait, le général Cambronne, qui devait amener Marie-Louise à Fontainebleau, arriva trop tard à Orléans.

trouver pour s'attacher plus étroitement à son père[1]. Elle veut se rencontrer avec lui avant peu et recevoir ses conseils. Ses scrupules de ne pas être allée trouver Napoléon et les représentations que lui font dans ce sens quelques personnes de son entourage, comme le baron Méneval, l'ancien secrétaire intime de Napoléon, Mme de Montesquiou, la gouvernante de son enfant, et d'autres, elle les fait taire devant son devoir filial qui lui commande de revoir préalablement son père après une si longue séparation. Dans une lettre du 14 avril, où elle annonce à François son arrivée à Rambouillet, elle dit : « C'est cette raison seule qui a pu me résoudre à ce voyage et m'empêcher d'aller immédiatement à la rencontre de l'Empereur, qui m'attend à Fontainebleau[2]. »

Ce qui fut décidé entre le père et la fille, le 16 avril, à Rambouillet, nous ne le savons pas : le voyage en Autriche, sans doute, jusque dans ses moindres détails, car, dans une lettre du 18, Marie-Louise demande qu'on exauce « une prière très enfantine » et qu'on la laisse passer plutôt par Salzbourg ; puis la reconnaissance des duchés de Parme et de Plaisance à l'Impératrice et à son fils par les alliés, qui avait été décidée le 11 avril par une convention avec les maréchaux de Napoléon ; enfin, sur la recommandation instante de Corvisart, médecin ordinaire, le séjour aux bains d'Aix, en Savoie, qui offrait en réalité une certaine difficulté, puisque Aix se trouvait en France, mais auquel l'empereur François aura donné son assentiment, car, peu après, le 18, sa fille lui écrit que Napoléon aussi l'a priée de suivre les

---

1. Dans les *Mémoires* de Méneval, II, 93, on trouve sur le séjour à Orléans : « L'Impératrice était sous l'empire des réflexions que lui suggérait la recommandation qui lui était faite par l'empereur Napoléon de se mettre en communication avec son père. Elle s'alarmait de cette prévoyance, qui semblait l'avertir que la protection sous laquelle elle s'était toujours abritée n'avait plus la même efficacité. » Sur le prétendu suicide de Napoléon, que Masson admit, cf. mon *Napoléon Ier*, III, 215, et les *Mémoires* de Savary, VII, 162.

2. Helfert, p. 322. Plus tard, à Vienne, elle racontait à l'archiduc Jean, qui sans doute avait été de l'avis qu'elle eût dû rester jusqu'au bout près de Napoléon, que ç'avait aussi été son intention à Orléans, d'où elle voulait se rendre à Fontainebleau, mais que « l'ordre était venu du gouvernement de la faire rester, voire même d'employer la force, si elle partait quand même » (*Journal de l'archiduc Jean*, 1810-1815, édité par Krones, p. 151, 156). Mais cette interprétation de sa situation d'alors serait en contradiction avec ses trois lettres d'Orléans du 10 avril et doit ne lui avoir été fournie que plus tard par son entourage.

recommandations du médecin relativement à Aix, et, le 30, elle lui demande ses bons offices à Paris pour qu'on « ne fasse aucune difficulté » à son voyage aux eaux[1]. Son plan est maintenant de passer six semaines à Vienne, puis de se rendre à Aix.

Les mêmes scrupules se présentèrent pendant son voyage de retour. Le 3 mai, — dans l'intervalle elle est arrivée à Bâle, — elle s'inquiète de n'avoir aucune nouvelle de Napoléon et elle prie son père de lui indiquer le moyen de lui écrire ; depuis quatre jours, il n'avait aucune lettre d'elle[2]. Puis, le 7, sur le désir de Napoléon, elle se plaint à son père qu'on ait confisqué les épargnes que son mari a faites sur la liste civile (dix à douze millions de francs), un grand nombre de présents, son service de table, voire même sa bibliothèque ; « toutes ces choses sont la propriété de l'Empereur et de mon fils. » En même temps, elle demande les bons offices de son père pour qu'on paie aussi au souverain détrôné les deux millions convenus de revenus annuels, ce à quoi le gouvernement des Bourbons sera peu disposé, « si votre caractère généreux ne vous décide pas à défendre les droits de mon mari, qui est votre gendre et non plus votre ennemi depuis qu'il est malheureux et abandonné[3]. » Ce n'est point là le style de l'Impératrice, et il est à supposer qu'elle ne fait que traduire ici en allemand une pensée de Méneval. Mais elle se fait, du moins, l'interprète des préoccupations de son mari, et d'autant plus volontiers qu'elle ne pouvait pas se décider à le rejoindre et à partager son exil.

A Vienne, elle est encore entièrement Française, ne parle que français, conserve son entourage français et prie son père de ne lui assigner ni dame ni chambellan, « avec lesquels il lui faudrait lier connaissance. » Les troubles des derniers temps ont encore accru son effroi naturel des personnes nouvelles et inaccoutumées. « Depuis quelque temps, » écrit-elle dans la lettre de Bâle du 3 mai, « la haine des hommes s'est enracinée en moi d'une

1. Helfert, p. 324, cite seulement la lettre du 18 avril et non le passage rapporté ici de la seconde (du 30). L'Impératrice est convaincue que l'autorisation du voyage sera facile à obtenir, puisque son fils reste à Vienne. Elle est également persuadée qu'Aix seul peut lui donner quelque soulagement (Vienne, Archives de l'État).

2. Helfert, p. 330.

3. La lettre est entièrement reproduite dans Helfert, p. 330 et suiv.; elle repose en grande partie textuellement sur la note de Napoléon, qui se trouve dans les *Mémoires* de Méneval, II, 100.

manière incroyable. » Rien d'étonnant que la société aristocratique de Vienne, qui, d'ailleurs, ne lui fait pas d'avances trop amicales, se plaigne de son orgueil d'étrangère, qui, pourtant, n'était que de l'amertume[1]. Cependant, l'empereur François était revenu de France, et, deux semaines plus tard, fin juin, Marie-Louise se disposa à partir pour Aix. Ce voyage en territoire français, accordé par l'Empereur, ne plaisait nullement au gouvernement de Vienne, et il était incontestable qu'il devait paraître au moins singulier que la souveraine détrônée d'un pays y revînt si peu de temps après et fournît un nouvel élément à des bruits à peine éteints. Sans doute, on avait obtenu par Talleyrand, le ministre des Affaires étrangères, le consentement de Louis XVIII, mais qui pouvait garantir que Louis fût sûr de Talleyrand[2]? « Toutes les représentations contre ce voyage furent vaines, » écrit le conseiller d'État Hudelist, directeur suppléant de la Chancellerie d'État, au prince Metternich, encore retenu dans l'Ouest[3]. Comme on prétendait avoir remarqué qu'elle gardait toujours « un attachement pour Napoléon, dont elle ne fait aucun mystère, » on résolut de placer à ses côtés, pendant la durée de son séjour aux eaux, une personne familière, qui tiendrait la cour de Vienne au courant de tout ce qui se passerait là-bas. Le choix tomba sur le général et diplomate comte Adam de Neipperg, qui, déjà en 1810, chargé de rapatrier de France des prisonniers autrichiens, avait été présenté à Paris au couple impérial, et plus tard, en 1812, avait rempli près de Marie-Louise, à Prague, les fonctions de cavalier d'honneur; ce n'était point pour elle un personnage inconnu, ce qui était important à cause de son aversion pour les hommes nouveaux.

Masson, qui suit ici, parfois textuellement, l'exposé de Houssaye dans son *1815*, attache à ce choix fort explicable de l'homme qui devait plus tard, il est vrai, gagner le cœur et la main de la femme qu'il n'avait maintenant qu'à surveiller, des soupçons et des accusations dont il nous doit la preuve. « L'empereur d'Autriche, écrit-il, avait lui-même désigné pour l'accompagner et lui servir de mentor le vieux prince Nicolas Esterhazy, vraiment digne de cette confiance. La chancellerie autrichienne,

1. *Journal de l'archiduc Jean*, p. 149. « A la réception, j'observais les visages; elle le sent et le dissimule. »
2. Houssaye, *1815*, p. 113 et suiv.
3. Vienne, Archives de l'État.

— chez Houssaye il y a Metternich, — avec une arrière-pensée qui ne peut être soufflée que par une femme, substitue au prince Esterhazy le général comte de Neipperg, qui commande une division à Pavie et qui reçoit l'ordre de se rendre à Aix. » Et ce Neipperg est « un personnage de roman qui enlève des femmes partout où il passe et court à travers l'Europe des aventures galantes[1]. »

Masson a l'habitude de ne pas indiquer ses sources; il en use sur ce point fort mystérieusement et il s'épargne en même temps la peine de rendre publiquement justice à ceux auxquels il doit une bonne part de ses connaissances. Ici, Houssaye l'a induit en erreur, en s'appuyant simplement sur les *Mémoires* de Méneval et sur un pamphlet anonyme de l'espèce la plus douteuse[2]. Sans parler de ce parfait contre-sens historique qu'un ministre ou un fonctionnaire pourrait spontanément changer une décision de leur monarque et la remplacer par une autre, il faut, avant tout, remarquer ici que ce ministre, Metternich, au moment où Marie-Louise se préparait à partir pour Aix, ne demeurait pas à Vienne, et que la fonction, la chancellerie d'État, n'était représentée vis-à-vis de l'empereur que par le conseiller d'État Hudelist, qui, certainement, se sera permis de présenter tout au plus de « très humbles » propositions. C'est ce qu'il fit, en effet, dans un rapport du 24 juin 1814, où l'on trouve : « L'Impératrice désirerait amener à Aix le capitaine comte Karacsai, qui a rendu de très bons services pendant le voyage de France en Autriche; on

---

1. *L'Impératrice Marie-Louise*, p. 600, 602.

2. Le pamphlet allemand porte le titre : *Marie-Louise et le duc de Reichstadt. Les victimes de la politique de Metternich.* Publié par un ancien fonctionnaire de l'État. Paris, 1842. Il raconte que Metternich serait alors parti de France en Italie et y aurait sans façon donné des instructions au général pour sa mission projetée. Il y est dit, p. ex. (p. 154) : « Comme on sait, Metternich partit immédiatement après la signature du traité de Paris (commencement (!) de mai) pour Milan par Genève ... pour convaincre le général Neipperg de l'impossibilité politique de la continuation du mariage entre Napoléon et Marie-Louise et pour discuter avec lui les mesures à prendre. » Non, « comme on sait, » après la signature du traité (*fin* mai), Metternich s'était rendu à Londres, d'où il repartit le 1er juillet pour Paris; il s'y était arrêté quelques jours pour aller ensuite à Bruchsal, près de l'empereur Alexandre, puis à la cour de Stuttgart, enfin à Munich (d'où il écrit le 15 à Hudelist). Le 18, il arriva à Vienne (G. Klinkowström, *Participation de l'Autriche aux guerres de l'Indépendance*, p. 376 et *passim*). On ne comprend pas qu'un savant du rang de Houssaye en appelle à des pamphlets de ce genre, comme il le fait dans son *1815*, p. 161, 164, 199, 450, 499.

pourrait lui donner des instructions, si Votre Majesté voulait avoir des informations directes d'Aix, ou choisir quelque autre officier, ou, enfin, charger le comte Bubna, à Turin, d'envoyer là-bas dans cette intention, sous un autre adroit prétexte, un individu quelconque, mais habile. Il me paraîtrait, en tout cas, souhaitable, pendant le séjour de l'Impératrice à Aix, de ne pas demeurer dans l'ignorance de ce qui s'y passe. » Telles étaient les propositions de la Chancellerie d'État. On voit qu'il n'y est question ni d'Esterhazy ni de Neipperg. Et que décide l'empereur? Il n'avait absolument aucune opinion préconçue dans l'affaire; au contraire, il adresse le fonctionnaire au prince Schwarzenberg, président du Conseil aulique de guerre. Celui-ci devait proposer un officier capable « qui pût me renseigner là-dessus (c'est-à-dire sur le séjour à Aix) et, en cas de besoin, aider de ses conseils ma susdite fille. » Schwarzenberg recommanda le général Neipperg, qu'il avait lui-même présenté à la cour, à Paris, quatre ans auparavant, et dont la division appartenait maintenant à un corps stationné tout près de la frontière française. La proposition fut agréée et, dès le 26, Hudelist pouvait annoncer à Metternich que l'empereur avait choisi Neipperg « pour prendre les bains à Aix pendant le séjour que l'Impératrice allait y faire dans ce but, et, sans éveiller les soupçons, renseigner sur ce qui s'y passe. Il doit assister l'Impératrice de ses conseils et de sa présence et, s'il ne peut d'aucune manière l'empêcher de se rendre à l'île d'Elbe, au moins l'y accompagner. Notre souverain ne semble, du reste, pas croire encore à la possibilité d'un pareil voyage et se promet de représenter très vivement à sa fille tout ce qui peut et doit l'en détourner[1]. »

Aller à Elbe? Y pensait-elle réellement? Sa grand'mère, la reine Caroline de Naples, lui aurait un jour déclaré que, si l'on veut vous empêcher de rejoindre son mari, il faut « sauter par la fenêtre; » mais ce propos avait-il produit sur elle une si profonde

---

1. Helfert, *Marie-Louise*, p. 439. Lorsque Masson (p. 605) affirme que Neipperg « est expressément chargé de l'observer pour le cas où elle voudrait aller trouver son mari, et alors, après des représentations, passer à la défense absolue si elle persistait », le dernier point, comme on voit, n'est point exact. Que l'on compare du reste Helfert, *Voyage de Napoléon de Fontainebleau à l'île d'Elbe*, p. 39, où il renvoie à un passage des rapports du commissaire autrichien, le général Koller; il y est parlé d'une maladie secrète de Napoléon, dont le traitement lui donna beaucoup à faire.

impression? Ou bien tout se réduisait-il à un potin de cour, comme l'explique Hudelist dans une lettre à Metternich? En tout cas, François Iᵉʳ, qui était en rapports quotidiens avec sa fille, était, nous l'apprenons, d'un autre avis. Le 1ᵉʳ juillet, Hudelist écrit au ministre : « L'Impératrice Marie-Louise est partie hier de Schönbrunn. Le capitaine comte Karacsai la précède en courrier et Sa Majesté m'a commandé d'envoyer un courrier au lieutenant général comte Neipperg, à Milan, avec mission pour ce dernier de partir sur-le-champ pour Aix et de rendre compte de tout ce qui s'y passe. Le courrier envoyé est un policier éprouvé, qui reste, en qualité de secrétaire, aux côtés du comte de Neipperg pour la durée de cette commission[1]. » Telle était la mission très prosaïque du comte, à propos duquel Houssaye, Masson et d'autres prétendent qu'on l'avait choisi, comme notoire dompteur de cœurs, dans l'intention de faire oublier à Marie-Louise son ancien mari[2]. Quelle dose d'immoralité on lui suppose et combien peu s'accorde avec cette supposition ce que nous apprenons de sources sûres! Neipperg n'était plus alors un tout jeune homme, il comptait quarante ans, — étant né en 1775, — et il avait à Milan femme et enfants[3]. Son extérieur, ajoute Méneval, qui accompagna l'Impératrice à Aix, n'était pas précisément d'un séducteur. Il avait perdu un œil dans les batailles contre les Français, si bien qu'il portait toujours un bandeau noir, et Marie-Louise elle-même ne cacha pas que l'impression qu'il fit sur elle au début ne lui fut pas très favorable[4]. Masson n'en dit pas moins : « Avec ses quarante-deux ans, son œil crevé et son bandeau noir, c'est un homme irrésistible, une façon de Don Juan à qui la pudique Autriche pardonne toutes ses fredaines... Tel est l'homme que la chancellerie désigne à l'Archiduchesse-Impératrice, fille aînée de

---

1. Vienne, Archives de l'État.

2. Houssaye, *1815*, p. 161 et suiv.; Welschinger, *Roi de Rome*, p. 82, qui ont ici présent à l'esprit ce que Napoléon écrivait à Talleyrand le 9 mai 1808 : « Vous pourriez faire venir à Valençay Mᵐᵉ de Talleyrand avec quatre ou cinq femmes. Si le prince des Asturies s'attachait à quelque jolie femme et qu'on en fût sûr, cela n'aurait aucun inconvénient, puisqu'on aurait un moyen de plus de le surveiller » (Lecestre, *Lettres inédites de Napoléon Iᵉʳ*, n. 278).

3. Les auteurs français ne sont pas d'accord sur son âge et, au surplus, le font plus vieux qu'il n'était; d'après Masson et Houssaye, il aurait eu quarante-deux ans, d'après Welschinger quarante-trois.

4. Méneval, *Mémoires*, II, 166.

Sa Sacrée Majesté Impériale, pour guide, pour chevalier, pour compagnon[1]. »

On pourrait trouver que la « Chancellerie » n'a pas fait un choix très heureux, si elle visait au but qu'on lui suppose. Mais il y a un fait indéniable : Neipperg gagna malgré tout la faveur de l'Impératrice. Ce qu'elle aima en lui, ce ne fut pas, sans doute, l'attrait démoniaque que les historiens français lui attribuent, mais, à côté de l'agrément et de l'amabilité de ses manières, la façon sûre et prudente dont il prenait des dispositions utiles et pratiques, et sa sollicitude pour elle, qui, pendant les dernières semaines, avait dû être privée si souvent et si douloureusement de direction affectueuse. Cependant, dans les premiers temps du séjour à Aix, le comte ne fut jamais reçu autrement qu'en audience officielle, et ce ne fut que peu à peu qu'il s'attira l'honneur d'être invité aux petites réunions, aux sorties en voiture, aux promenades, toujours en présence de la surintendante, duchesse de Montebello, ou d'une dame d'honneur.

Ce qui occupait maintenant surtout Marie-Louise, qui portait à Aix le nom de duchesse de Colorno, c'était, avec le désir de commencer à régner sur Parme, la pensée d'éviter la rencontre des souverains de Russie et de Prusse et de tous les autres princes qui allaient se réunir à Vienne au mois d'août. Elle compte, — et elle n'était pas seule à penser ainsi, — que le congrès ne durera que peu de temps. A cette époque, elle veut se rendre à Parme pour organiser sa maison. Son fils resterait confié pendant ce temps aux bons soins de son grand-père. Le 22 juillet, elle écrit d'Aix à l'empereur François ce qui suit :

Je suis logée ici petitement, mais bien; le comte de Neuperg (*sic*) est plein d'attentions pour moi, et sa façon de faire me plaît tout à fait. La contrée est assez belle, j'ai le lac du Bourget devant mes fenêtres... J'ai appris avec beaucoup de douleur que les puissances alliées ne se réuniront à Vienne qu'à la fin de septembre. Comme je ne puis décemment être à Vienne à ce moment, j'irai, si vous n'y voyez pas d'inconvénient, à Parme au commencement de septembre; je crois que c'est absolument nécessaire pour installer ma maison; je le désire extrêmement, mais je n'ai pas voulu le faire sans vous en parler. Si vous le permettez, je laisserai mon fils à Schönbrunn, jusqu'à ce que tout soit en ordre, ce qui ne demandera pas longtemps.

1. *L'Impératrice Marie-Louise*, p. 602.

Je suis tranquille quand je le sais entre vos mains, et tous ces voyages sont si coûteux en ce moment où il me faut observer la plus grande économie pour mes finances ! Mais je ne perds pas l'espérance, très cher papa, de vous voir cet automne après toutes les fêtes; autrement cela me serait trop dur[1].

Rien de cela ne devait se réaliser alors. Metternich représenta à l'Impératrice, dans une lettre détaillée, qu'en raison des prétentions que les Bourbons élevaient sur Parme, ce n'était pas le moment de se rendre là-bas; il fallait attendre préalablement la décision du congrès. Et l'empereur François lui écrivit dans le même sens, l'engageant à revenir à Vienne en attendant[2]. Ce

1. Les lettres de l'Impératrice à son père sont conservées aux archives de la famille impériale, de la cour et de l'État à Vienne, et on les communique de la manière la plus obligeante à ceux qui en ont besoin. Helfert ne les a utilisées pour sa *Marie-Louise* que jusqu'en 1814, comme il convenait au dessein de son livre. Quand Masson (*l'Impératrice Marie-Louise*, p. 600) prétend qu'on a retenu le prince comme otage, en quelque sorte, sous prétexte qu'il pouvait être à charge à sa mère, cette assertion trouve ici sa réfutation. Cf. aussi *Journal de l'archiduc Jean, passim.*

2. Masson (p. 604) donne à ces lettres une signification tout à fait erronée. Il fait un reproche à l'Impératrice de s'amuser à Aix pendant que Napoléon est en exil à l'île d'Elbe et regrette son absence : « Au milieu de ce désastre de l'Empereur, de l'empire et de la France, elle s'amuse... Elle organise des excursions, elle va aux bals, elle reçoit et offre des fêtes champêtres. A la fin, elle fait tant de bruit que, à Paris, le duc de Berry se fâche et que, le 9 août, Talleyrand écrit à Metternich « que la saison des eaux ayant été bien complète pour Madame l'Archiduchesse, il conviendrait que son séjour ne se prolongeât pas. » On a pensé de même à Vienne, et, vers le 15, elle reçoit de Metternich une lettre où son père « lui interdit d'aller à Parme et lui ordonne de revenir en droiture. » Masson avait-il oublié que Napoléon lui-même avait conseillé à Marie-Louise cette saison à Aix et qu'il ne voulait la revoir qu'à l'automne, rétablie et plus forte? On comprend que la France des Bourbons ne vît pas très volontiers sur son territoire l'ancienne souveraine, mais la conduite, parfaitement irréprochable, de celle-ci n'avait rien à y voir. La lettre de l'empereur François était datée du 7 août, c'est-à-dire deux jours avant que celle de Talleyrand quittât Paris; elle était donc absolument indépendante des représentations de la cour de France et écrite à un moment où l'on ne savait rien des passe-temps que la vie des villes d'eaux amenait pour l'Impératrice. La réponse du 20 août, de Metternich à Talleyrand, est intéressante sous plusieurs points de vue. La voici :

Baden, le 20 août 1814.

« Mon Prince,

« M. de La Tour du Pin m'a remis la lettre que Vous avez bien voulu m'adresser. Les vœux du Roi relativement au séjour de l'Impératrice Marie-Louise à Aix seront remplis incessamment. L'Empereur a écrit à sa fille, il y a plus de 15 jours, pour l'engager à revenir ici; je n'ai pas besoin de Vous dire

désir de son père, qui ruinait la réalisation du sien, la rend, comme elle l'avoue à Méneval, « très malheureuse ». Mais, dans sa vie, elle a appris à se soumettre. Elle le fait encore cette fois

de nouveau, Mon Prince, combien son voyage a eu ma désapprobation; je crois, d'après toutes les données que nous avons reçues d'Aix, pouvoir cependant vous assurer que l'Impératrice s'y est personnellement conduite de manière à dérouter tous les calculs de ceux qui avaient attribué de la valeur à l'exécution d'un projet tout simplement compromettant sans arrière-pensée. L'Empereur avait chargé le comte de Neipperg d'accompagner sa fille et de ne pas La perdre de vue pour déjouer les personnes qui auraient pu vouloir abuser de la fausse attitude dans laquelle Elle n'a pu que se trouver à Aix. Les moyens de surveillance que Vous y avez organisés doivent, je m'en flatte, vous avoir prouvé que le choix de l'Empereur était bon.

« Pourquoi ne ferait-on pas quelque insinuation de votre côté à Corvisart et à Mad. de Montebello, qui nous paraissent beaucoup abuser de la bonté de l'Impératrice et de l'ascendant qu'ils ont trouvé moyen de gagner sur Elle? Nous vous donnons carte blanche à ce sujet. Tout ce que vous ferez pour La faire sortir de cette espèce de tutelle ne peut que tourner à son avantage.

« Une circonstance, sur laquelle je crois utile d'attirer votre attention, est le mouvement que se donne, en général, le parti jacobin, et surtout en Italie, pour répandre une foule de faux bruits sur des projets du Souverain d'Elbe. On nous accable de dénonciations sur des rapports secrets qu'entretiendrait Napoléon en France; il est impossible qu'on ne Vous rende la pareille sur des rapports entre lui et nous ou les membres de sa famille momentanément retirés chez nous. Toutes les recherches nous mènent toujours aux mêmes sources; ce sont des Jacobins qui répandent des bruits pour attirer les regards des Puissances sur ce qui n'est qu'un fantôme pour les empêcher de rechercher leurs menées.

« Pourquoi ne prendrions-nous pas en commun des mesures de surveillance contre Napoléon? En rapprochant toujours nos données, nous doublerions notre savoir et nos moyens; je vous prie, Mon Prince, de peser cette proposition; si le Roi l'agrée, je vous parlerai des moyens d'exécution qui me paraissent les plus simples et, par conséquent, les plus utiles. Je crois que vous feriez bien de faire déguerpir Joseph de la Suisse. Il faut le renvoyer ou en Angleterre ou en Amérique ou en Hongrie, s'il n'y a pas moyen de le faire aller de l'un ou l'autre côté. Nous réunirons, si vous le voulez, nos mesures avec les vôtres pour atteindre ce but. Je regarde Joseph comme le plus remuant de la famille, et son séjour en Suisse et surtout dans ou près du pays de Vaud ne vaut rien. Nous n'aurons rien fait de bon aussi long-tems que le bruit de la famille nous empêchera de dormir tranquillement.

« Nous avons des nouvelles de S.-Pétersbourg. L'Empereur y est arrivé le 26 juillet. Il sera ici le 27 ou le 28 septembre. Lord Castlereagh, le chancelier de Hardenberg seront les plénipotentiaires Anglais et Prussien. Je suppose que le comte de Nesselrode et le comte de Rasoumoffsky seront les plénipotentiaires russes. Nous comptons toujours sur Vous comme plénipotentiaire Français. Ne me demandez rien sur les formes que nous suivrons, je n'en sais rien, mais nous en conviendrons ici et très facilement, car, si nous avons le sens commun, nous adopterons les plus simples et les moins dispendieuses en fait de cérémonial. Il faut que les grandes Puissances s'entendent, et elles s'entenet fait contre mauvaise fortune bon cœur, car elle doit, — comme elle l'avoua aussi, paraît-il, à Méneval, — « se comporter très sagement[1]. »

J'ai reçu, écrit-elle le 19 août à l'empereur à Vienne, avec beaucoup de plaisir, par l'entremise du comte de Karacsai, votre lettre du 7 août, et je vous en baise mille fois les mains... J'ai lu avec beaucoup d'attention vos conseils paternels et je vous en remercie mille fois. Je suis convaincue que personne ne peut mieux apprécier que vous ce qu'il me faut et que vous défendrez constamment l'intérêt de mon fils et le mien. Je suivrai vos conseils et, au commencement d'octobre, je retournerai encore à Vienne. Je suis contente de pouvoir vous donner cette preuve de mon obéissance filiale, bien qu'il me coûte de ne pouvoir aller en ce moment à Parme, où tout est préparé pour mon arrivée... Je pense revenir entre le 8 et le 10 octobre; je veux n'arriver qu'après le départ des grands potentats; mon cœur ne pourrait supporter d'être à Vienne en même temps que ces princes. J'emploierai le mois de septembre à faire un voyage à travers la Suisse... J'ai prié le général Neuperg (*sic*) de faire avec moi le voyage de Suisse. J'ai pensé que vous n'y verriez aucun inconvénient, et il peut m'être extrêmement utile en diverses circonstances; je suis toujours très contente de lui; nous parlons souvent de vous, très cher papa, et c'est une conversation que je ne puis jamais soutenir sans émotion, car je ne connais aucun meilleur père que vous...

Elle n'ira certainement plus maintenant à l'île d'Elbe. Mais elle veut écrire à son mari, qui est loin d'elle, et c'est pourquoi elle demande à son père si elle peut lui envoyer des lettres pour Napoléon, « car il est absolument sans nouvelles de moi. » Il est vrai que cette dernière information, par laquelle elle pensait être manifestement agréable à François Ier, n'était pas absolument juste, car huit jours auparavant elle avait envoyé à l'île d'Elbe

dront, et tout ira bien. Si le Roi vous parle politique, assurez-Le que je Lui ai tout dit le jour où Il m'a permis de prendre congé de Lui. Basez vos instructions sur cela; Vous nous trouverez toujours sur la même route, et laissez dire le monde. — On nous trouvera toujours les mêmes. — Je désire, pour le bien de l'Europe, qu'il en soit de tout le monde.

« Recevez, Mon Prince, les assurances, etc.          Metternich. »

(Archives de Vienne. Cf., sur la présence de Corvisart et d'Isabey à Aix, Houssaye, *1815*, 1, 115. Ce sont donc de pures considérations politiques qui ont provoqué cette correspondance.)

1. *Mémoires*, II, 180.

une lettre où elle disait, pour s'excuser, qu'on l'obligeait à retourner à Vienne. Depuis, elle s'était certainement tue, mais, de l'île, arrivaient des lettres d'autant plus impatientes. La politique et le cœur y avaient sans doute part égale. En effet, que Napoléon, qui, dès le moment qui suivit son abdication à Fontainebleau, eût encore foi en l'avenir, s'efforçât à présent de maintenir son étroite union avec la fille de l'empereur aussi vivement que les puissances souhaitaient de la voir rompre, n'a nul besoin de le prouver. Et si Marie-Louise avait eu la fierté et le tempérament de cette Caroline de Naples qui, à cette époque même, mourut au château de Hetzendorf, le 8 septembre, son calcul n'aurait peut-être pas été trop inexact. Gneisenau n'a-t-il pas, peu de temps après, pendant le congrès de Vienne, émis l'idée qu'on pourrait, au besoin, favoriser le retour de Napoléon de l'île d'Elbe pour allumer en France la guerre civile et pendant ce temps résoudre la question allemande[1]? Marie-Louise n'avait pas assez de fierté ni assez de hardiesse. Au sujet des lettres de Napoléon, elle écrit à Vienne le 30 septembre :

J'ai eu, il y a quinze jours, la visite d'un officier de l'Empereur porteur d'une lettre dans laquelle il me dit de partir immédiatement pour l'île d'Elbe, où il m'attend avec beaucoup d'impatience. Depuis huit jours, c'est le second officier que je reçois[2]. Par le premier, j'ai répondu que je dois me rendre dans quelques jours à Vienne et qu'il me sera impossible, sans votre permission, de partir pour l'île; et, à la seconde lettre, je n'ai pas encore répondu. Je vous raconte tout cela, très cher papa, parce que je mets en vous toute ma confiance et que je désire que toutes ces histoires ne puissent vous donner aucune méfiance au sujet de mes actes. Soyez assuré que j'ai maintenant moins que jamais envie d'entreprendre ce voyage, et je vous donne ma parole d'honneur de ne l'entreprendre jamais sans vous en demander auparavant la permission. Je vous prie de me dire aussi ce que je dois écrire à l'Empereur sur ce point[3].

1. Pertz-Delbrück, *Gneisenau*, IV, 270.

2. La première lettre fut apportée par le colonel Laczinski, la seconde par le capitaine Hurault, dont la femme était au service de Marie-Louise. Le dernier fut découvert et dirigé sur Paris, d'où il ne put plus retourner à l'île d'Elbe. Cf., dans les *Mémoires* de Méneval, II, 179, la lettre du 9 août à celui-ci et *la Correspondance de Napoléon Ier*, XXVII, 21604, 21611.

3. Dans la même lettre, elle le prie de lui laisser les 44 lanciers polonais, que Napoléon a envoyés d'Elbe à Parme, « gens tout à fait paisibles et tranquilles, qui pourraient, dès maintenant, former une compagnie de ma garde à cheval. »

Bientôt après, l'Impératrice a quitté Aix et débarrassé de sa présence la France inquiète. Elle fait route par Genève, où elle se rencontre avec Joseph, frère de Napoléon, pour Berne, où elle pense séjourner quelque temps et faire des excursions dans l'Oberland; ici elle fait la connaissance de la bizarre princesse royale de Galles, avec laquelle elle passe une soirée; c'est ici aussi qu'elle trouve une lettre de son père, du 9 septembre, l'engageant à presser son retour et à quitter la Suisse, où le voisinage de Joseph Bonaparte (à Prangins) donnait matière à de nouveaux bavardages. Marie-Louise accuse à son père réception de son conseil dans une lettre datée de Berne, du 22 septembre, qui sera rapportée ici en entier, à l'exception de quelques passages sans aucun intérêt. La voici :

J'ai reçu avant-hier soir seulement, par le colonel Hrabowsky, votre lettre du 9 septembre, et je vous baise mille fois les mains pour tout ce que vous voulez bien m'y dire d'aimable. Je vous recommande encore avec la plus vive insistance, très cher papa, les intérêts de mon fils et les miens; je suis convaincue que je ne puis les placer en de meilleures mains que les vôtres; je suis convaincue que votre tendre sollicitude paternelle fera pour nous tout ce qui est possible. Dans mon prompt retour comme dans tout le reste, je suivrai constamment vos conseils; j'en ai besoin encore plus que jamais dans la situation difficile où je me trouve. C'est pourquoi j'accepte aussi avec reconnaissance votre gracieuse proposition d'habiter à Schönbrunn; je demeurerai plus volontiers dans ce lieu qu'à Schlosshof ou Presbourg; la raison ne vous sera pas difficile à deviner, très cher papa; je serai tout près de vous et je pourrai tous les jours parler avec vous, ce sera pour moi la plus grande des consolations. Si vous ne pouviez pas me donner asile à Schönbrunn, je vous prie de me loger à Hetzendorf, parce que c'est encore près de vous. Je vous envoie cette lettre par un de mes courriers et je vous prie de le renvoyer à ma rencontre. J'ai reçu à Laub une lettre de l'Empereur qui est tout à fait insignifiante; il ne me parle que de sa santé et ne me dit absolument rien de son désir de me faire venir à l'île d'Elbe. Je n'ai pas cependant voulu omettre de vous annoncer l'arrivée de cette lettre pour vous prouver que je n'ai rien de secret pour vous. Si vous le permettez, je vous enverrai ma réponse sous cachet volant, afin que vous puissiez la lire d'abord et la lui envoyer ensuite...

Mais la politique s'opposa aussi à ce désir de Marie-Louise; les cavaliers furent renvoyés à Napoléon.

Je n'ai pas voulu, lors de mon passage à Genève, déjeuner chez le roi Joseph, bien qu'il me l'ait proposé; il est venu chez moi pour dîner, mais il était de si mauvaise humeur qu'il est à peine resté une heure. J'ai pensé que vous trouveriez préférable que je ne sois pas allée chez lui.

Je vous envoie, très cher papa, les étapes de mon voyage. Je serai à Schönbrunn entre le 4 et le 8 octobre, parce que j'ai pensé que vous ne trouverez pas mauvais que je ne voyage pas jour et nuit. Je resterai aussi encore un jour à Berne, parce que tous mes gens sont un peu fatigués de mon voyage et m'ont priée de les laisser se reposer. Je prends un autre chemin que par Constance, parce qu'on n'est pas sûr en cette saison de pouvoir toujours traverser le lac. J'avais déjà auparavant prié le comte Neuperg de m'accompagner jusqu'à Vienne pour la sécurité du voyage, il m'a dit que vous aviez la bonté de lui accorder cette liberté, aussi en profiterai-je. Je suis persuadée que mon voyage s'accomplira ainsi plus rapidement. Je ne puis vous dire combien j'ai été satisfaite de ses procédés tant à Aix que pendant le voyage; dans ce choix aussi, j'ai reconnu votre gracieuse sollicitude paternelle.

La mort de la Reine[1] m'a profondément affligée, elle a toujours été si bonne pour moi que j'aurais eu un cœur ingrat si je ne l'avais pleurée...

Le 4 octobre 1814, Marie-Louise arriva de nouveau à Schönbrunn, et si elle avait espéré auparavant pouvoir ne revenir qu'après la fin du grand congrès des princes, son dessein s'était encore montré irréalisable. Le congrès n'en était encore qu'au début de ses délibérations, dont on ne pouvait aucunement prévoir la fin, et elle dut, bon gré mal gré, accepter la situation. C'est ce qu'elle fit, se tenant à l'écart de toutes les fêtes, passant le temps à Schönbrunn dans le cercle très étroit de sa famille et de son entourage français, rendant chaque jour visite à son père et n'entretenant par ailleurs que les rapports les plus indispensables. Les relations avec Napoléon s'espacèrent de plus en plus; enfin, après plusieurs semaines de silence, il y a une seule lettre, envoyée à l'île d'Elbe pour le nouvel an, qui porte formellement sa marque. Masson donne très peu de détails sur ce séjour d'hiver de l'Impératrice à Schönbrunn, mais ce peu même n'est pas très conforme à la vérité. « Petitement et par degrés, dit-il, on efface autour d'elle tout ce qui est de l'Empereur; d'abord les armoiries

1. Caroline de Naples, grand'mère de Marie-Louise.

de ses voitures, les boutons armoriés de ses laquais; puis son
père exige la promesse qu'elle communiquera toute lettre venant
de l'île d'Elbe; puis qu'elle n'écrira pas sans son assentiment à
l'Empereur. A chaque fois, Neipperg affirme que, si elle se rend,
on lui donnera Parme, on lui permettra d'y vivre, d'y tenir sa
cour, d'y être indépendante et libre. Ces fêtes, dont elle entend le
bruit, où elle n'est pas conviée et dont elle regarde les splendeurs
par le trou du plafond, ces plaisirs, qu'on prend sans qu'elle y ait
part et qui traversent ses appartements sans qu'on la salue au
passage, ce déploiement d'un luxe, dont elle a commencé à jouir
et dont brusquement elle se trouve sevrée, n'est-ce pas encore
un moyen qu'on prend pour la tenter? » On peut toucher du doigt
l'exagération. Non, Marie-Louise n'était pas d'une nature à se
laisser séduire par des fêtes bruyantes ou à en regretter l'absence.
Réservée et solitaire, dissimulant le plus possible ses bonnes
qualités, reconnaissant ouvertement ses défauts (comme elle avait
un jour avoué en face de Napoléon sa tendance à l'égoïsme), elle
avait, comme son père, une extrême aversion pour le faste
bruyant. Il en avait été ainsi à Paris, et plus tard il en sera de
même à Parme. Du milieu de l'éclat de la cour de France, elle
écrivait, en 1811, à une amie : « Vous pouvez penser que, dans une
ville aussi grande que Paris, nous ne manquons pas de distrac-
tions, mais, pour moi, les moments les plus agréables sont encore
ceux où je me trouve en compagnie de l'Empereur ou suis toute
seule à mes affaires. » Pendant les troubles de 1814, elle regrette
de n'être pas devenue chanoinesse, comme ç'avait été son désir
à l'origine[1]. Sur les journées à Schönbrunn, elle s'exprime
comme il suit : « Cette vie tranquille me fait du bien. Vous
savez que je n'ai jamais aimé le grand monde et que je l'ai maintenant plus que jamais en aversion; je suis heureuse dans mon
petit coin. » Et, en 1817, elle écrit à cette amie : « Bien que
jeune encore, j'ai une répugnance effroyable pour le monde, et je
vous assure que, chaque fois que j'entre dans un couvent, j'envie
celles qui ont cherché là leur paix[2]. » Était-ce là la femme sur
qui on exerce une pression en l'éloignant des fêtes? On ne lui a
pas non plus changé ses voitures; c'est elle-même qui a ordonné

1. *Mémoires* de Savary, VII, 163.
2. *Correspondance de Marie-Louise* (1799-1847) : *Lettres à la comtesse
Colloredo et à M*<sup>lle</sup> *de Poutet*, p. 150, 176, 185. Cf. aussi Houssaye, *1815*,
p. 450, qui, sur ce point, juge Marie-Louise avec beaucoup plus d'équité.

le changement, lorsqu'elle a dû entendre de ses propres oreilles des curieux, parmi la foule, se moquer des antiques armoiries de l'empire tombé[1]. La promesse de montrer à son père les lettres d'Elbe et les réponses qu'elle y fait ne lui a pas été extorquée ; elle en a elle-même fait la proposition, comme nous avons pu le voir[2]. Et elle fit cela parce que, placée une fois encore par le sort entre son mari et son père, elle s'était décidée pour le dernier, afin de sauver pour son fils encore un morceau du grand empire écroulé. Méneval, qui n'a pas renoncé à la gagner de nouveau à Napoléon, apprit d'elle un jour « que, n'étant plus souveraine indépendante, ne trouvant d'ailleurs aucun appui et n'ayant aucune force de résistance, il ne lui reste plus qu'à se courber sous le joug ou à se mettre en rébellion ouverte contre son père et sa famille, ce qui aurait pour son fils et pour l'avenir de celui-ci les plus graves conséquences[3]. » A cette époque justement, le congrès s'occupait activement de Parme et de Plaisance. Les représentants de la France et de l'Espagne se prononçaient très nettement pour les Bourbons, l'Autriche ne voulait pas, dans la question saxonne et polonaise, qui séparait en deux camps les royaumes, mettre en péril son accord avec Louis XVIII, ni placer au premier plan l'empereur François dans l'affaire de sa fille. Si Marie-Louise se décidait maintenant pour Napoléon, c'en était définitivement fait de tout espoir pour les duchés, mais, dans le cas contraire, il devenait possible (comme il advint en réalité) que l'empereur Alexandre I$^{er}$ de Russie s'intéressât à la question, et, d'accord avec la Prusse et l'Angleterre, fît adjuger Parme à l'Impératrice, bien qu'à la vérité ce ne fût d'abord qu'à elle seule[4].

Pendant ce temps d'incertitude au sujet de Parme, le comte de Neipperg, qui était resté à Vienne durant l'hiver, avait justifié sa réputation de mentor et d'aide. Il s'était non seulement ren-

---

1. Bausset, *Mémoires*, III, 99 : « Comme elle montait dans sa voiture, après une visite chez l'Impératrice de Russie, le 2 décembre, elle entendit elle-même ces remarques faites, du reste, avec modération et elle me commanda de m'occuper du changement, auquel jusque-là personne n'avait pensé. » L'histoire relative aux armoiries a pour origine le pamphlet *Marie-Louise et le duc de Reichstadt* (p. 170), auquel même le témoin oculaire Bausset doit céder le pas quand la légende le réclame.

2. Voir, plus haut, la lettre du 22 septembre.

3. Méneval, *Mémoires*, II, 259.

4. Sur le traité secret ultérieur du 31 mai 1815, cf. plus loin.

seigné avec exactitude sur l'état des duchés et avait pris des notes
détaillées, mais encore il avait rédigé les lettres que l'Impératrice
devait envoyer à Alexandre Ier et à Frédéric-Guillaume III de
Prusse et s'était personnellement adressé en son nom à lord Castlereagh, représentant de l'Angleterre, en un mot s'était acquis
un mérite important dans la conduite d'une affaire que Marie-
Louise avait fort à cœur. L'estime qu'elle avait de sa valeur, la
reconnaissance dont elle payait les fructueux efforts qu'il faisait
dans son intérêt, l'habitude du commerce de l'homme ouvert et
aimable qui venait presque chaque jour dîner à Schönbrunn,
l'accompagnait à la promenade, et qui, le soir, par ses talents
de société, — c'était un musicien distingué, — animait la mono-
tonie de son cercle, tout cela développait en elle une chaude
sympathie, dont elle ne faisait aucun mystère à son entourage.
L'agent secret à qui était confiée la surveillance de la cour de
Schönbrunn raconte en passant qu'elle avait donné l'ordre, un
jour que Neipperg était en retard pour le dîner, de dépêcher un
cavalier à la ville pour s'informer où il était si longtemps retenu.
« Sa Majesté dit cela avec une parfaite bonne humeur, parce que
la société du comte semble lui être fort agréable en raison de sa
nature vive et aimable[1]. » Aussi l'Impératrice n'avait-elle peut-
être à s'en prendre qu'à elle-même, si on racontait d'elle au congrès
ce que le baron Stein écrivait le 24 février dans son journal :
« C'est une Française superficielle qui se donne l'air d'avoir
oublié tout ce qui est allemand et se laisse faire la cour par le
général Neipperg[2]. » Neipperg répondait à la sympathie de sa
maîtresse, — il était entré à son service personnel comme grand
maître des écuries, — avec un respect enthousiaste[3]. Et, pourtant, tout cela est bien loin du roman que les historiens français
ont introduit dans ces relations dès ce moment-là. Masson, par
exemple, — toujours en suivant les traces de Houssaye, — s'arrête à cet avis que Neipperg, Faust et Méphisto en une seule
personne, a pris par ordre dans les lacs de ses artifices de séduc-
tion le cœur sans défense de l'Impératrice et l'a ravi à son mari[4].

1. Archives du Ministère I. R. de l'Intérieur. Actes de la police.
2. *Historische Zeitschrift*, nouv. série, XXIV, 435.
3. Houssaye, *1815*, p. 451, sur la foi de l'écrit *Marie-Louise et le duc de
Reichstadt*, le fait maréchal de la cour, « titre qui lui donnait le droit de
monter dans la voiture de l'Impératrice. »
4. *L'Impératrice Marie-Louise*, p. 606 : « Elle a vingt-trois ans et elle est

Des lettres qui sont données dans l'appendice, on conclura qu'on y trouve peut-être déjà le germe d'un lien de cœur qui fit mûrir dans les années suivantes une union pour la vie, mais il est impossible d'y noter la trace d'une plus grande intimité. Quant au reproche fait au gouvernement autrichien d'avoir organisé et favorisé l'entreprise conquérante de Neipperg, il manque de fondement non seulement à cause du rôle dégradant qu'il eût exigé d'un homme considéré et de bonne maison, mais aussi pour cette raison qu'il serait difficile d'expliquer comment Metternich, sur le témoignage peu suspect de Méneval, pouvait, dès le commencement de février 1815, faire à Neipperg la communication qu'il aurait sous peu à rejoindre son commandement en Italie et comment le général, sur la simple intercession de Marie-Louise, pouvait obtenir l'ajournement de son départ, de façon à ne quitter Vienne que le 1er avril 1815 pour reprendre le commandement de sa division[1]. Si le gouvernement de l'empereur François avait mis à si haut prix son action sur Marie-Louise et l'avait jugée tellement souhaitable, comme le croient les historiens français, il n'aurait sans doute pas émietté cette action, précisément au moment où Napoléon avait quitté l'île d'Elbe pour s'élancer vers Paris, dans une course victorieuse, s'emparer du pouvoir et où il envoyait à Vienne lettre sur lettre pour rappeler sa femme en France. Non, le gouvernement autrichien n'avait pas besoin de Neipperg pour conserver Marie-Louise à l'Autriche. Le choix de celle-ci entre son mari et son père était déjà fait avant qu'elle connût le général, et, après que Napoléon se fut évadé de l'île d'Elbe, ce n'est plus que comme une formalité, à coup sûr pour enlever tout soupçon aux puissances, que le gouvernement se fait donner par Marie-Louise une déclaration par laquelle elle s'engage à se soumettre, sans arrière-pensée, elle et son fils, à la volonté de son père.

La lettre est tout entière en français et datée du 18 mars :

Mon très cher Père, — Au moment d'une nouvelle crise, qui menace la tranquillité de l'Europe, et menacée de nouveaux mal-

femme; père, belle-mère, frères, sœurs, tous les souverains de l'Europe guettent sa chute pour lui en faire un triomphe. » P. 404 : « Avant six mois, » dit Neipperg à sa maîtresse en quittant Milan, « je serai son amant et bientôt son mari. Il ne fallut pas six mois. »

1. Méneval, *Mémoires*, II, 241.

heurs qui s'accumulent sur ma tête, je ne puis espérer un asile plus
sûr, une protection plus bienfaisante que celle que je réclame pour
moi et pour mon fils de votre tendresse paternelle. C'est dans vos
bras, mon très cher Père, que je me réfugie avec l'être qui me tient
le plus à cœur dans ce monde. Je remets en vos mains, — et sous
votre sauvegarde paternelle, — notre sort. Je ne saurais le placer
sous une égide plus sacrée. Nous ne connaîtrons d'autre volonté que
la vôtre. Vous daignerez diriger avec votre tendresse toutes mes
démarches, dans un moment aussi difficile. Une soumission sans
bornes sera le premier hommage de ma reconnaissance et de l'attachement respectueux avec lequel j'ai l'honneur d'être, mon très cher
Père, votre très obéissante fille,

MARIE-LOUISE.

Schönbrunn, ce 18 mars 1815.

Il eût été sans doute pour Napoléon d'une importance infinie
qu'elle reparût en France à ce moment. Cela eût signifié que
l'Autriche était prête à se séparer de la Russie, de l'Angleterre
et de la Prusse et enfin à reconnaître son pouvoir. Sans doute,
on l'avait pertinemment instruit à l'île d'Elbe de la tension qui
s'était manifestée entre la puissance danubienne et sa voisine du
nord pendant les négociations du congrès; plusieurs semaines,
il y avait eu menace de guerre ouverte, et il pouvait bien aussi
avoir fait entrer ce facteur dans ses calculs lorsqu'il se résolut
en février à quitter l'île. Mais à présent, les événements survenus
dans l'intervalle l'avaient certainement vite désillusionné. Le
13 mars, il avait été mis hors la loi par les États européens qui
avaient signé le traité de Paris le 30 mai 1814, et, le 25, les
quatre grandes puissances renouvelaient leur traité d'alliance de
l'année précédente. Metternich aurait-il apposé son nom sur les
pièces sans être sûr de Marie-Louise? Certainement non. Et ainsi
c'en était fait de l'espérance de Napoléon de voir revenir sa
femme, la coalition se rompre et peut-être la guerre évitée.
Lorsque même, dans ses courtes lettres à Marie-Louise des 22,
26, 28 mars, 1er et 4 avril, que nous connaissons, il peignait
d'une façon si émouvante son triomphe sans exemple, la fuite du
roi, l'enthousiasme de l'armée, il n'avait probablement *in petto*
pas grand espoir en leur efficacité. A l'extérieur sans doute et à
son entourage, il se montrait plein d'assurance; il avait même
renouvelé la maison de l'impératrice pour répandre dans le
peuple l'opinion que l'Autriche était favorable à son retour.

M^me de Méneval écrivait à son mari à Vienne les 12 et 14 avril :

Paris, le 12 avril 1815.

Je fais des vœux pour que cet état de crise ne dure pas longtemps. Fain me dit qu'il faut avoir du courage, que nos tourments cesseront bientôt et que bientôt nous serons tous ensemble.

L'Empereur était hier de fort bonne humeur ; il venait d'apprendre que le général Delaborde avait fait arborer à Toulouse le drapeau tricolore et que ce drapeau a été salué avec enthousiasme. Nimes, Montpellier sont aussi rendues. Tout va bien. Mais ce sont les nouvelles de Vienne que l'on attend avec anxiété ! Ah ! chère Impératrice, revenez, et nous serons tous heureux ! Après la messe, l'Empereur a passé en revue des troupes de ligne et environ quinze ou vingt régiments de cavalerie. Il a parlé aux soldats. Tu ne peux te faire une idée de l'ivresse de ces braves gens ; tous se précipitaient sur l'Empereur, enfin, le cheval qui portait S. M. a presque été enlevé.

J'espère que tu as maintenant des nouvelles de ce qui se passe à Paris et que mes lettres te sont parvenues. Comme les Parisiens se plaisent à inventer, l'on assure aujourd'hui que tu es aux environs de la capitale avec Mad. de Montesquiou et que tu n'y paraîtras que lorsque l'Impératrice est arrivée. On craint beaucoup la guerre, *moi* j'ai le doux pressentiment que nous ne l'aurons pas, et, d'ailleurs, si nous l'avons, malheur à celui qui nous la fera.

*La même au même.*

Paris, le 14 avril 1815.

L'on ne sait rien ici de ce qui se passe à Vienne, et, malgré cela, nous espérons toujours ne point avoir la guerre. L'Empereur est, dit-on, extrêmement gai ; il parle souvent du retour de l'Impératrice et paraît heureux de penser qu'il pourra bientôt la revoir, ainsi que notre cher petit prince. M. Denon, qui a presque tous les jours l'honneur de causer avec S. M., me raconte tout cela et nous divertit beaucoup, Mad. de Houchin et moi, quand il s'amuse à copier les ridicules de tous les courtisans. A propos de courtisans, ce pauvre Dompmartin fait une triste figure ; cela, cependant, ne l'empêche pas d'aller tous les dimanches à l'audience de l'Empereur. Pour le dédommager de la perte de ces deux croix, on l'a, dit-on, nommé chevalier de l'ordre de la Girouette et membre de celui de l'Éteignoir. Si tu lis le *Nain jaune*, tu verras qu'il a d'illustres confrères[1].

---

1. Vienne, Archives de l'État.

Mais pendant que M^me de Méneval écrivait ainsi à son mari, arriva à Paris une lettre de ce dernier à Caulaincourt, du 7 avril, qui ne laissait plus aucun doute à l'Empereur sur la situation à Vienne. Marie-Louise ne viendra pas. Elle a dans plusieurs entretiens déclaré à l'auteur de la lettre que c'était sa décision irrévocable de ne plus jamais se rapprocher de son mari, pour cette raison entre autres que, puisqu'elle n'avait pas partagé son infortune, elle ne pouvait maintenant décemment prendre part à ses succès. Elle ne veut pas consentir au divorce, mais cherche à obtenir une séparation à l'amiable. Même elle a déjà juré à son père de lui remettre tout ce qui lui arriverait de Napoléon, car, quand de si puissants intérêts étaient en jeu, elle n'avait le droit de faire parler ni ses sentiments ni son jugement. « Ses sentiments? » Lui restait-il encore un sentiment pour Napoléon? Il semble que le seul sentiment provoqué en elle par les nouvelles de France sur sa marche victorieuse ait été une angoisse indicible d'être encore une fois appelée là-bas par le sort. Mais elle voulait désormais se défendre. Lorsqu'au milieu d'avril, Méneval tenta encore un assaut contre son cœur, avec une lettre de l'Empereur du 4 à la main, elle lui répliqua avec vivacité que sa résolution de ne plus retourner en France était inébranlable et que son père même ne pourrait l'y forcer[1]. Ce fut le dernier entretien qu'elle eut avec l'avocat infatigable de Napoléon. Elle communiqua ensuite la lettre au baron Wessenberg, qui, après le départ de Neipperg, servit d'intermédiaire entre elle et Metternich et lui confia qu'elle l'avait transmise à l'Empereur avec deux autres billets provenant de Joseph Bonaparte et de sa femme. « Elle exprimait le vif désir, » raconte Wessenberg, « qu'on fît partir Méneval, ce à quoi l'Empereur aurait déjà, déclare-t-elle, donné son autorisation. Quant aux autres personnes de son entourage, elle en serait presque absolument sûre[2]. » Là-dessus on accorda

---

1. Méneval, *Mémoires*, II, 269.

2.         *Wessenberg à Metternich.*

Le 19 (avril ?).

« L'Impératrice M. Louise m'a fait venir chez Elle pour me dire que Menneval était venu hier soir lui apporter trois petits billets sans adresse, dont l'un était de Napoléon, du 4 avril, et les 2 autres de Joseph et de sa femme ; je vous joins copie du premier. Menneval s'est refusé de lui dire de qui il tenait ces billets qu'il avait ouverts, mais l'Impératrice croit qu'il les a reçus en ville hier entre 10 h. et midi ; il avait cherché toute la journée à lui parler, mais n'a pu y parvenir qu'à 10 du soir.

à Méneval son rapatriement. Quand il partit le 7 mai, ce fut aussi la dernière possibilité de relation entre elle et l'Empereur qui disparut. Le proscrit de l'Europe était devenu pour elle un étranger, et, si elle n'alla point jusqu'à prendre part aux processions publiques faites pour implorer du ciel la victoire, elle demeura du moins, en tant qu'autrichienne, du côté de ses adversaires. Rarement, sans doute, la politique a fait éclater toute sa dureté aussi clairement qu'ici, où, en se jouant de tout sentiment, elle rompit à nouveau un lien avec la même cruelle absence de scrupules qu'elle avait eue à le nouer.

Bientôt après commença la nouvelle guerre contre Napoléon, et l'empereur François entra de nouveau en campagne avec les alliés. Ce n'était pas sans inquiétude que les pensées de la fille suivaient le père. Son sort dépendait essentiellement de l'issue du combat, qui ne pouvait à vrai dire être fort douteux, avec les masses énormes qu'on avait mises en mouvement vers la France. Qu'adviendrait-il cependant si, contre toute attente, Napoléon restait victorieux et réclamait comme tribut de l'Autriche sa femme et son fils? A ce moment serait-elle encore en état de dire non? Les intérêts de sa patrie n'étaient-ils pas encore en jeu dans ce cas et n'y avait-elle pas enchaîné sa vie? Il lui faudrait une fois encore se risquer sur les vagues furieuses, sur lesquelles, peu d'années seulement auparavant, une princesse autrichienne avait perdu la couronne et la vie, au moment où elle se croyait si près du port tranquille, qui était le seul vœu de son âme craintive. Elle tombait dans la plus vive inquiétude; celui qui la lui causait ne pouvait pas être son ami. Et ne verrait-elle pas de nouveau mise en jeu cette principauté italienne qu'elle avait déjà entre les mains, vers laquelle se portaient toutes ses pensées et que les puissances les plus influentes avaient enfin assurée non seulement à elle, mais encore à son fils[1]? Dans presque chacune

« L'Impératrice est allée remettre lesdits billets à l'Empereur. Elle désire beaucoup qu'on fasse partir Menneval et le laisse retourner en France. Elle prétend être à peu près sûre de toutes les autres personnes qui composent sa maison. Je suis également d'avis qu'il sera moins dangereux en France qu'ici. Au reste, l'Impératrice prétend que l'Empereur a permis que Menneval retourne en France.

WESSENBERG. »

(Vienne, Archives de l'État.)

1. Dans l'acte du congrès de Vienne, qui fut signé le 9 juin 1815, il fut convenu, par l'article 99, en conséquence d'une décision de la conférence du

de ses lettres à son père, après des paroles de reconnaissance
infiniment caressantes, elle répète maintenant comme un refrain
combien elle aimerait à partir enfin pour l'Italie. C'est ainsi
qu'elle écrit le 8 juin 1815 :

Mes affaires sont enfin heureusement terminées à l'avantage de
mon fils et au mien. Comme je ne veux plus jamais retourner en
France, toutes mes angoisses sont dissipées par cet arrangement.
C'est encore à vous que j'en suis redevable, très cher papa ; comment
trouverai-je des mots pour vous exprimer ma reconnaissance et la
plénitude de mes sentiments filiaux ? Dieu fasse que vous puissiez,
dans quelques mois, me faire dire de vous rejoindre en Italie.

A son avis, la guerre ne devait durer « que quelques mois. »
Elle fut terminée plus vite qu'elle ne le pensait. La journée de
Waterloo lui avait préparé une fin brusque. Le 22 juin, Napoléon abdiquait de nouveau. Mais alors se présenta de nouveau la
même combinaison qui s'était déjà offerte à Marie-Louise l'année
précédente ; un plan de régence pour son fils revint sur l'eau.
« L'Empereur est politiquement mort, » s'écria le frère de Napoléon, Lucien, à la Chambre des pairs. Mais il ajouta aussitôt :
« Vive l'Empereur ! » et ce cri trouva un écho enthousiaste à la
Chambre des députés. On y entendit, à la séance du 23 juin, cette
parole, — prononcée par le député Penières, — que la députa-

25 mai, que Parme, Plaisance et Guastalla reviendraient à Marie-Louise ; néan-
moins, pour le droit de dévolution après sa mort, on ne prendrait une décision qu'ultérieurement. Mais il y eut en outre, entre l'Autriche, la Russie et la
Prusse, un traité secret, conclu le 31 mai 1815, qui est reproduit dans Mar-
tens, *Recueil des traités conclus par la Russie* (III, 535 et suiv.), et dont la
teneur, en ses points essentiels, est la suivante : « Art. 1. L'Impératrice
Marie-Louise est maintenue dans la possession des duchés de Parme, de
Plaisance et de Guastalla, et tous les arrangements arrêtés par l'article 5 du
traité de Paris du 11 avril 1814 recevront leur pleine et entière exécution.
Art. 2. Les duchés de Parme, de Plaisance et de Guastalla lui seront assurés
en toute propriété. *Ils passeront à son fils et à sa descendance en ligne directe.*
Art. 3. Les Hautes Parties contractantes s'engagent à garantir le maintien de
cette stipulation et à employer tous leurs soins pour y faire accéder également
l'Angleterre, la France et l'Espagne. » Ainsi, la remarque de Welschinger (*Roi
de Rome*, p. 105) que « Neipperg avait promis à l'Impératrice de défendre ses
intérêts énergiquement à propos de Parme, mais à la condition que l'Impératrice ne songerait pas à demander la réversion des duchés pour son fils ni à
vouloir l'emmener avec elle, » appartient comme tant d'autres de ses idées au
domaine de la fable. Ce fut seulement en 1817 qu'il fut décidé que le jeune
prince serait déchu du droit de succession sur Parme.

tion qu'on avait envoyée à l'empereur d'Autriche devait exiger
comme gage de la paix le jeune prince et sa mère, et, deux jours
après, parut dans le *Moniteur* le décret de la Chambre qui
déclarait Napoléon II successeur légitime de son père. La nouvelle
parvint vite jusqu'à Vienne, où elle remplit Marie-Louise d'un
nouveau tourment. Ils revenaient à la charge, ces Français incons-
tants, et aussi ces frères de Napoléon, qui certainement lui ren-
draient la vie bien amère, — non, cela, jamais; les émotions de
Blois, d'Orléans, la faisaient encore frissonner de tous ses membres.
Dans une lettre du 7 juillet à son père nous lisons :

Nous recevrons probablement bientôt des nouvelles de votre
entrée solennelle à Paris; je vous prie de vous souvenir en cette circonstance, très cher papa, de ce que je vous ai dit le jour avant
votre départ, c'est-à-dire que jamais plus, en aucun cas, il ne me
serait possible de retourner en France. J'apprends à l'instant, par ma
chère maman, que le roi a un parti très puissant, et cela me réjouit
infiniment. Pour le seul moment, tout ce que je désire, c'est que
vous puissiez bientôt passer de là en Italie et que vous me permet-
tiez de venir vous retrouver à Milan et de là d'aller à Parme. J'aurai
alors le plaisir de vous revoir, et ce sera le plus grand que je puisse
encore avoir dans ma vie, car vous ne pouvez concevoir la grandeur
de mon amour filial.

Cependant, Marie-Louise devait bientôt être exempte du souci
de jouer un rôle dans l'histoire du monde. Le parlement français
n'avait pas seulement reconnu le droit de succession du roi de
Rome, il avait en même temps établi un gouvernement provisoire
« qui devait assurer à la nation les garanties de son repos et de
sa liberté. » Le nom de Bonaparte garantissait-il le repos et la
liberté du pays? Fouché, le chef de ce nouveau directoire, répon-
dit *non* à cette question et agit en conséquence. La députation
qu'il envoya à Wellington et ensuite aux monarques alliés pour
conclure une trêve dut déclarer qu'elle n'était point liée par rapport au futur gouvernement. Lorsque les envoyés furent ensuite
interrogés là-dessus au quartier général des souverains, ils répon-
dirent qu'on ne pouvait offrir à la France que la paix; les Français ne refusaient absolument aucun gouvernement, pourvu
qu'on leur garantît qu'il n'en résulterait pas une nouvelle révolution. La question de Napoléon II était une comédie. On avait

les mains libres pour faire ce qu'on voulait[1]. Pendant ce temps, Fouché avait continué ses intrigues en faveur des Bourbons et amusé la Chambre jusqu'au moment où l'armée ennemie entra dans Paris, où les monarques alliés se prononcèrent une seconde fois pour Louis XVIII et où celui-ci même reprit possession du trône de France, le 8 juillet 1815.

Ces nouvelles étaient la délivrance pour « Sa Majesté la duchesse de Parme, » comme elle s'appela désormais, et elle donna libre cours à l'expression de son contentement. Le 20 juillet, elle écrit de Bade à l'empereur François :

J'ai appris avec beaucoup de plaisir votre entrée de Paris ; je vous prie de croire que personne ne prend plus de part que moi à l'heureuse issue de la guerre. J'ai appris aussi avec beaucoup de joie que le roi est revenu dans sa capitale. Cela m'a rassurée sur une foule de sots bruits qui circulaient, car vous savez, très cher papa, combien vif a toujours été mon désir de passer mes jours auprès de vous et à Parme. Ne croyez-vous pas que ce serait peut-être le bon moment d'obtenir l'acquiescement des cabinets anglais et français à l'article secret qui assure à mon fils la succession des duchés? Peut-être le moment où le roi vous doit tant serait-il favorable pour cela[2]. Vous me pardonnez, très cher papa, de vous en faire souvenir ; mais je connais votre bonté et vos sentiments en qualité de père et de tuteur de mon enfant, qui n'a que vous comme protecteur... Mon fils vous baise les mains et me charge de vous dire qu'il fait tout son possible pour devenir très raisonnable ; il lit déjà très bien le français et un peu l'italien ; je lui ai promis, quand il saurait cette langue couramment, de vous demander en son nom un régiment autrichien, c'est

---

1. **Metternich**, dans une lettre adressée de Hagenau à Hudelist le 29 juin, met ces paroles dans leur bouche quand il raconte : « Les commissaires du gouvernement provisoire sont arrivés ici. Nous avons envoyé Walmoden, Capo d'Istria, Knesebeck et Stewart à ces messieurs pour entendre leurs explications. Celles-ci se résument dans les courtes phrases que voici : « Nous ne nous refusons à nul gouvernement, mais pensez qu'il faut des garanties pour qu'il n'y ait pas une nouvelle révolution. » Ainsi l'affaire marche tout à fait bien. Dans le *Moniteur* du 25, Napoléon II est pourtant proclamé Empereur. Si on leur demandait comment ceci s'accordait avec leurs explications, ces messieurs répondaient : « Regardez tout cela comme une farce. Nous avons les mains libres et nous pouvons faire ce que nous voulons » (Vienne, Archives de l'État). Pour plus de détails, cf. la lettre de Metternich à sa fille Marie du 2 juillet 1815 dans les *Papiers posthumes*, II, 521.

2. **Voir**, plus haut, l'article 3 du traité secret du 31 mai.

tout ce qu'il désire, et, si vous voulez bien lui accorder cette grâce, j'espère que mon petit François s'en rendra tout à fait digne avec le temps.

A cette époque, Napoléon était déjà prisonnier de l'Angleterre. Le 30 juillet, il était condamné à la détention perpétuelle dans l'île de Sainte-Hélène; son jugement lui fut notifié sur le Bellérophon. Il y avait longtemps que Marie-Louise ne songeait plus à aucune espèce de relation avec le proscrit de l'Europe, combien moins encore avec le prisonnier. Elle désire seulement qu'on n'aggrave pas son sort par des duretés. Pour l'anniversaire de Napoléon, le 15 août 1815, elle écrit à son père :

J'espère que nous aurons désormais une paix durable, puisque l'empereur Napoléon — elle ne peut pas se résoudre à dire « Bonaparte » — ne la troublera plus jamais. J'espère qu'on le traitera avec bonté et douceur, et je vous prie, très cher papa, d'y contribuer; c'est la seule prière que je puisse oser pour lui et la dernière fois que je m'intéresse à son sort, car je lui dois de la reconnaissance pour la tranquille indifférence dans laquelle il m'a laissée vivre, au lieu de me rendre malheureuse.

Le 20 avril 1816, Marie-Louise prit possession du gouvernement des duchés de Parme, Plaisance et Guastalla.

Auguste FOURNIER.

# APPENDICE

## SUR LA CORRESPONDANCE DE MARIE-LOUISE ET DE NEIPPERG

### (1815).

Méneval raconte dans ses *Mémoires* (II, 282) que Neipperg, à son départ de Vienne, le 1er avril 1815, aurait laissé à l'Impératrice, dans une longue lettre détaillée, des communications et toutes sortes de conseils dont elle ne pouvait plus se passer. Pendant son absence, « une correspondance active suppléa à sa présence. » Ses lettres auraient été de vrais mémoires, quelques-unes n'ayant pas moins de huit à dix pages. Peu de temps avant que parussent les *Mémoires* de Méneval, le pamphlet allemand *Marie-Louise et le duc de Reichstadt*, publié par un ancien fonctionnaire de l'État, s'était exprimé comme il suit (p. 188) sur cette correspondance : « Chaque jour de poste, il (Neipperg) recevait ici de Marie-Louise les lettres les plus tendres ; la situation critique de celle-ci se débrouillait de plus en plus à son avantage ; son conseil, sa main secourable, lui paraissaient de plus en plus un besoin indispensable, et, tandis que, dans son isolement, elle laissait sans réponse les dernières lignes de son mari, condamné à la mort morale, elle entretenait avec Neipperg la correspondance la plus assidue. » D'après Welschinger, dans son *Roi de Rome* (p. 127), les lettres de l'Impératrice à Neipperg, que l'auteur, sans rien qui le justifie, fait partir seulement le 18 avril 1815, aurait été très passionnées. « La cour de Vienne n'avait pas autorisé l'Impératrice à écrire à Napoléon, mais, en revanche, on lui laissait adresser des lettres aussi nombreuses que passionnées au général de Neipperg. »

Eh bien ! de toutes ces relations, il n'y a que celle de Méneval, qui a passé alors quelque temps encore près de Marie-Louise à Schön-brunn, qui approche de la vérité, en partie du moins. Neipperg a, en réalité, comme il le déclare lui-même, écrit tout d'abord chaque jour à Schönbrunn. Quant aux réponses de l'Impératrice, la corres-pondance ne fut point de sa part très « assidue, » car Neipperg se plaint de rester sans nouvelles pendant quinze jours. Elle n'était ni « passionnée » ni « tendre », les preuves que nous donnons plus loin l'attesteront. Du reste, sur cette correspondance de l'année 1815, personne jusqu'ici n'était en situation de porter un jugement valable, car on n'en connaissait absolument rien. Même ce que nous communiquons ici n'est qu'un fragment : cinq lettres de Neipperg et une de l'Impératrice, d'avril et de mai 1815, qui, certainement, pourraient fournir une contribution aux recherches historiques par ce seul fait qu'elles ne purent échapper à l'œil vigilant de l'administration de l'État, qui, à l'époque du congrès de Vienne, tenait pour un devoir patriotique de témoigner une sollicitude particulière aux correspondances écrites des personnalités remarquables. Les lettres dont les archives de l'État à Vienne gardent la copie sont rédigées en français, langue que Marie-Louise savait mieux parler et écrire que l'allemand.

Leur contenu, — désillusion pour les amateurs de l'histoire à sensation ! — se rapporte tout d'abord aux événements de la campagne de l'Autriche contre Murat, dans laquelle Neipperg occupa l'aile gauche et suivit à marches forcées la retraite du roi jusqu'à ce que celui-ci, à Tolentino, les 2 et 3 mai, livrât bataille au centre, commandé par le général en chef Bianchi. Neipperg a ainsi la satisfaction de pouvoir annoncer à sa protectrice d'heureux événements. Puis viennent des conseils au sujet de Parme, des avis sur la situation en Italie, des remarques très défavorables sur les événements de France et l'attitude des Français lors du retour de Napoléon; celui qui écrit, d'accord avec l'opinion généralement répandue, les accuse très violemment, et les maréchaux de France tous les premiers, de violer leur foi envers le roi et leur parole envers l'Europe. Par ci par là, se glissent une requête pour avoir des nouvelles plus fréquentes, un regret sentimental de la petite cour de Schönbrunn et du commerce de la femme aux pieds de laquelle le comte, obéissant au romantisme de son temps et sans doute aussi de son cœur, dépose l'hommage de son respect chevaleresque. Le mot « chevalerie » se trouve plusieurs fois dans les lettres. Quand Neipperg perd sa femme, c'est probablement lui-même qui en annonce la nouvelle[1]. La lettre de l'Impératrice porte la marque d'une sympathie sincère et d'une confiance ouverte. Elle a bien de la peine à se passer de ses conseils tout autant que de sa compagnie, devenue pour elle agréable et chère. « La mort de Brignole, » écrit-elle à son amie la comtesse Victoire Crenneville, « m'a rendu le départ de Neipperg encore plus sensible, car je suis absolument privée de conseils, et à mon âge (elle avait alors vingt-quatre ans) et dans ma situation, on en a besoin. » En mai, elle se plaint à la même amie d'être sans nouvelles du général

1. Cf. Méneval, *Mémoires*, II, 318.

depuis dix-huit jours[1]. Tout cela peut, je veux bien, être rapporté à une inclination personnelle, mais non tout de même, à beaucoup près, impliquer ce degré d'intimité que les récents historiens imaginent d'après des sources en partie impures, en partie intéressées.

Si Neipperg finit par entrer complètement au service de la « duchesse de Parme, » la raison n'en fut pas seulement dans son respect pour elle, mais dans d'autres circonstances extérieures. Le jour de la bataille de Tolentino, il ne s'était pas assez approché de l'ennemi pour prendre part au combat. Il semble qu'on lui en ait fait au conseil aulique de guerre à Vienne un reproche contre lequel Bianchi le défendit. Neipperg envoya une copie du mémoire de Bianchi à Marie-Louise qui, évidemment sur sa prière, le fit parvenir à l'Empereur. « Je serais heureuse, » disait-elle dans la lettre qui l'accompagnait, « que l'honneur de cet honnête homme, à qui je dois beaucoup de remerciements pour mes affaires, fût lavé. Il m'a prié de le mettre à vos pieds et de vous assurer que vous ne trouveriez pas un plus fidèle serviteur que lui. » Bientôt après, cependant, s'offrit une nouvelle circonstance où l'on ne fut pas satisfait du général. Murat avait fini par être repoussé jusque devant Naples, où Bianchi et Neipperg, en présence du général anglais lord Burghersh, signèrent ensuite le 20 mai, avec Carascosa et Colleta, une convention militaire qui contraignait le roi, à qui l'on refusait dorénavant son titre, à évacuer la capitale et les places fortes[2]. Metternich ne fut pas satisfait de ce résultat. Dans un rapport du 31 mai à l'empereur François, il faisait au négociateur le reproche, qui atteignait surtout Neipperg, le diplomate, d'avoir négocié au nom des alliés quand il s'agissait d'un succès militaire purement autrichien; ils auraient pu, ajoutait-il, obtenir davantage en refusant toute capitulation, en faisant le roi prisonnier ou au moins en le forçant à abdiquer. L'Empereur fut du même avis. « Ce qui s'est passé prouve une fois de plus combien les militaires sont peu aptes à négocier et fait naître en moi des doutes sérieux sur l'habileté de Neuperg (*sic*); tout au moins me paraît-il très étourdi, partant sans aptitude pour les grandes affaires[3]. » On le voit, Neipperg n'était pas très en faveur, ce qui cependant eût dû être le cas, si les écrivains français avaient raison dans leur interprétation de son rôle. Humilié, il dut

1. *Correspondance de Marie-Louise* (1799-1847). Lettres intimes et inédites à la comtesse de Colloredo et à Mlle de Poutet, depuis 1810 comtesse de Crenneville, p. 178, 179.

2. Cf. Neumann, *Recueil des traités conclus par l'Autriche*, II, 634 et suiv.

3. Vienne, Archives de l'État.

alors confier à sa protectrice sa plainte et sa résolution de renoncer complètement à la diplomatie, car Marie-Louise écrivit le 28 juillet à l'empereur : « Je vous prierai, très cher papa, quand le général Neipperg aura ramené ses troupes à destination, de lui permettre et ordonner de revenir me trouver à Vienne; il me serait extrêmement utile pour ma maison, et aussi parce que j'ai confiance en lui et qu'il me plairait d'avoir chez moi (à Parme) quelqu'un d'ici, et je ne veux faire aucune nouvelle connaissance. Je lui ai écrit cela, et il est prêt à venir si vous le lui commandez, attendu surtout qu'il a complètement renoncé à servir dans la diplomatie. » Le choix de Marie-Louise se montra heureux dans toutes les circonstances où l'intérêt du pays de Parme fut en jeu; Neipperg, qu'elle épousa après la mort de Napoléon, gouverna les duchés avec humanité et habileté, avec sagesse et désintéressement, et il s'est acquis dans leur histoire un nom honoré.


I.


*Neipperg à Marie-Louise.*


*Au camp de Borgoforte,* le 13 avril 1815.

Nos renforts nous arrivent journellement, et, dans peu de jours, nous serons en état de donner une bonne leçon au maréchal Murat. Les Anglais commencent déjà à croiser dans l'Adriatique, et 8,000 Anglo-Siciliens se préparent à débarquer au Calabre. Les États de V. M. n'ont encore rien souffert, excepté quelques marches de troupes, et les villes de Plaisance et de Barghi (!) ont été mises en état de défense. Je suis très content du bataillon de Marie-Louise et du colonel Bianchi.

La nouvelle que notre auguste souverain prend le titre de Roi d'Italie a répandu la joie et l'enthousiasme dans toute l'Italie; c'était un suprême remède contre Murat l'Italique. On se réjouit aussi beaucoup de voir arriver un archiduc comme vice-roi. Dans ce pays-ci, il faut une cour, de la représentation et une antichambre, où la noblesse, en grande partie composée de fainéants, puisse dormir dans les grandes chaleurs et jouer aux cartes ou aux dames. Avec cela, — la restauration de l'ordre de la Couronne de Fer et quelques clefs de chambellan sur les poches de ces messieurs, — ce pays-ci se croira le plus heureux du monde. V. M. rendra un grand service en en faisant mention à notre bon Souverain, si Elle en trouve l'occasion opportune.

Je suis profondément affligé de tous les chagrins qui s'accumulent sur l'auguste personne de V. M. La mort de Mad. Brignole est un événement terrible. Vous ne trouverez jamais de meilleure amie, jamais une femme à meilleurs conseils. Elle avait toute cette noblesse, cette chevalerie dans la manière de penser, si rare dans ce siècle, et dont on n'a plus d'idée en France. Elle sera bien difficile à remplacer. Mad. Mittrowsky est une personne bien distinguée, mais elle ne peut pas avoir l'expérience et la force du caractère de Mad. Brignole. Je suis cependant sûr qu'elle sera d'une grande ressource à V. M.

Nous mourons tous d'impatience de nous battre. Bianchi a été le seul qui a eu ce bonheur jusqu'à ce moment. Il a fait hier 500 prisonniers à Carpi, après un très beau combat.

Que V. M. appuie bien pour que tout ce qui sera décidé au congrès, pour les duchés et pour les fiefs de Bohême, lui soit remis dans un acte garanti par les mêmes puissances qui ont signé le traité du 11 avril. En affaires, il faut marcher à pas sûrs. Les meilleures promesses sont des traités signés en bonne et due forme.


## II.

*Marie-Louise à Neipperg.*

Sans date.

J'ai reçu, il y a cinq jours, par la poste, votre lettre du 13, et vous en remercie de toute l'exactitude avec laquelle vous me donnez des nouvelles. Croyez que j'éprouve un sensible plaisir en sachant que vous vous portez bien et que la campagne ne sera ni longue ni meurtrière. Nous ne savons rien ici du côté de la France, excepté ce que les journaux nous apprennent, mais je vois que l'on se prépare à la guerre. Je crains bien qu'elle ne soit plus sanglante que celle contre le roi de Naples. C'est une chose horrible, surtout quand on pense qu'après tout le sang qui a été coulé, nous sommes encore au même point où nous avons été il y a vingt-quatre ans. Je n'entends pas parler de mes affaires, mais je crois et j'espère qu'elles seront décidées avant le départ des souverains. Je veux avoir un acte en main qui m'en garantisse sûrement la possession. En attendant, je vous prierai de vous charger d'une affaire baucoup moins intéressante, mais qui regarde ma maison et dont j'ai parlé à mon père. M. de Beausset a donné l'ordre qu'on fasse venir ici les chevaux que j'avais à Parme ; il a donné cet ordre sans m'en prévenir, ce qui m'a fâchée, mon père a écrit à Frimont de les arrêter à Vérone jusqu'au moment où je dirai ce que je voudrais en faire. Je vous prie de faire vendre les chevaux de voiture qui s'y trouvent. Quant aux chevaux de selle, s'ils sont bons pour être montés par moi ou par les dames, envoyez-les à Parme ; sans cela, disposez-en pour le régiment de Marie-Louise. Je vous charge d'une ennuyante commission, mais elle rentre dans votre service de grand écuyer, et je suis contente de penser que cela me procurerait, après cette malheureuse lutte, la satisfaction de vous avoir près de moi.

Mon fils vous dit bien des choses. Il me demande souvent de vos nouvelles et me charge de vous demander aussi de celles de Cortez, qu'il a cru fermement avoir fait le voyage à vos côtés dans la voiture. Mon oncle Jean part demain pour l'Italie, et l'ordre de la Couronne de Fer est rétabli. Je n'ai donc pas besoin de m'acquitter de la commission que vous m'avez donnée, de dire à mon père que l'on désirait ces deux choses en Italie. Je crois qu'elles la contenteront entièrement.

Ma santé est un peu meilleure aujourd'hui que ces jours passés ; elle a de la peine à se remettre ; j'éprouve trop de chagrins successivement pour être en état de les supporter. Il y en a un qui m'est encore bien cuisant, c'est celui de la perte de ma pauvre amie. Continuez-moi toujours vos conseils ; je suis sûre que personne ne m'en donnera de meilleurs ni de plus francs. Je compte sur vous dans toutes les circonstances les plus difficiles, parce que je suis sûre que vous me direz la vérité. Aussi, comptez sur toute la reconnaissance et l'amitié avec laquelle, etc.

### III.

*Neipperg à Marie-Louise.*

Sous couvert à la
baronne Mittrowsky.                                     Sans date.

V. M. verra par les deux relations imprimées ci-jointes (que je vous jure sur mon dieu qu'elles sont vraies), comme j'ai mené Murat tous ces jours passés et comme il fuit vers Ancône, sans que nous puissions le rejoindre. Je crois avoir fait mon devoir dans ce bout de campagne, car je n'ai pas seulement laissé prendre haleine à ces pauvres mangeurs de maccaroni. Nous ne ferons qu'observer Ancône et passerons outre pour entrer tout droit dans le royaume de Naples et terminer la question là. Bianchi manœuvre vers Macerata et Nugent est entré à Rome. Je ne conçois pas comment mes lettres ne parviennent pas à V. M. J'écris chaque jour, j'adresse toutes mes lettres à M<sup>me</sup> Mittrowsky, tant par la poste que par le major Seitz, qui demeure dans la maison Eszterházy, dans l'Alsergasse. V. M. voudra bien m'adresser les siennes en droiture sous l'adresse : « An den K. K. H. General u. Gen. Adjutanten Gr. v. Fiquelmont » ; elles me parviendront alors plus sûrement. Ma santé n'est pas trop bonne et la fatigue plus grande que l'honneur que l'on recueille dans cette guerre. Je crains qu'elle ne se traîne en longueur et que nous nous consumerons à la lave du Vésuve. J'avoue que je préférerais d'être à la croisade en France. C'est une guerre de religion et de la plus juste vengeance, attirée sur un sol par suite des crimes d'une nation impie, qui se joue de ses serments, ne respecte aucun pacte, foule aux pieds les lois de l'honneur et de la chevalerie, et veut, dans son délire, abreuver encore le monde du sang qu'elle semble reprocher d'avoir épargné. Je sais bien que nombre de braves gens ne méritent pas d'être confondus avec les scélérats qui attirent tant de malheurs sur leur patrie. Non, V. M. ne se trouvera plus en si mauvaise et abjecte société; notre bravoure et les efforts que le monde entier fera vous en sont garants.

## IV.

*Le même à la même.*

Sous couvert à la baronne
Mittrowsky à Schœnbrunn.　　　*Au camp de Mondolfo,* 1er mai 1815.

J'ai à donner à V. M. l'intéressante nouvelle que ma jonction avec le général Bianchi est opérée et que j'espère presque encore que nous cernerons le Roi dans Ancône, qui est à peine approvisionnée. Bianchi est aujourd'hui à Macerata et mon aile droite à Jesy. Nous sommes bien fatigués par les longues marches, et la chaleur au bord de l'Adriatique est excessive. Nous devons toujours côtoyer cette mer, et les chaloupes canonières de l'ennemi nous incommodent fortement. On nous reçoit partout à bras ouverts, et il est vraiment presque incroyable que le Roi ait cru avoir des partizans en Italie. J'ai rencontré aujourd'hui pour la première fois le Cortez. Il avait l'air de vouloir causer avec moi de tant de scènes intéressantes des temps passés. Il me semble qu'il y a déjà un siècle que je suis parti de Vienne; aujourd'hui, il y a un mois juste, — mais il n'y a point de fête à l'Augarten, — elles sont d'un genre bien différent. Pourvu que j'y trouve l'occasion de me rendre digne de la haute bienveillance de V. M.

Son très humble grand écuyer.

## V.

*Le même à la même.*

Sous couvert à la baronne
Mittrowsky à Schœnbrunn.　　　*Sinigaglia,* le 2 mai 1815.

Depuis le 17 de ce mois, je n'ai plus de nouvelles de V. M. I. J'en suis très inquiet, ayant vu par les dernières nouvelles que V. M. a daigné me donner de sa santé qu'elle n'était pas trop bonne. Je tremble pour tout ce qui pourrait arriver de fâcheux à V. M. Son extrême bonté, son caractère angélique ne méritaient que du bonheur, et j'invoque chaque jour la Providence, même au milieu des combats, pour le bien-être de V. M.

Nous avons emporté hier au soir à 8 heures le poste très fort de Cappezano, où l'ennemi voulait tenir. Après ce combat, très brillant pour mon avant-garde, nous avons occupé cette nuit la ville de Sinigaglia et je continue ma poursuite sur Ancône. On prétend que le Roi, se voyant cerné de tous côtés, est parti avec sa cavallerie pour se faire jour du côté de Macerata, mais il trouvera Bianchi, Starhemberg et Nugent sur la route qui lui fermeront le sac dans lequel je l'ai chassé. Jusqu'ici, il n'y a que moi et ma division qui se sont battus journellement avec les Napolitains. Depuis le 19, je les ai chassés depuis Bologne jusqu'à Ancône; je crois que c'est aller assez bon train; aussi mes pauvres gens n'en peuvent-ils plus. Les autres divisions n'ont pas encore tiré un coup de fusil. Quand est-ce que tout cela finira? Au reste, les événements actuels, les horreurs commis contre tout esprit d'honneur et de chevalerie en France corrigeront, j'espère, un peu les hommes et le siècle. On respectera plus l'opinion publique qu'on bravait si facilement, on aimera encore plus son souverain, on le servira mieux, et, surtout, on ne foulera pas aux pieds les serments les plus sacrés comme Philippe de Commines et tous ces maréchaux de France.

V. M. ne me mande pas du tout si elle fait beaucoup de promenades à cheval et avec qui? Je serai toujours bien heureux si Elle daigne me faire part jusqu'aux moindres détails de sa manière de vivre maintenant à Schönbrunn. Sa cour est-elle encore éclopée et boiteuse comme quand je l'ai quittée? et quel est l'esprit à l'ordre du jour? M. de Beausset voudrait sûrement déjà reprendre son action au journal de l'Empire, et le pavillon autrichien sera plus rénichant que jamais. Je n'ai plus vu un forte-piano depuis que j'ai quitté Schönbrunn, la musique comme tout le reste est dans un repos parfait. Dans ma situation, il n'y a que cette grande fermentation de la guerre qui y porte quelque adoucissement. Je la regarde comme un calmant; c'est comme les remèdes de Braun, cela guérit ou vous emporte tout d'un trait.

Avez-vous des nouvelles de la Duchesse et ne Vous a-t-on encore fait aucune menace ou proposition de ce côté-là? Je tremble toute-fois que j'y pense, quoique je connaisse trop le caractère de V. M. pour seulement oser supposer qu'il pourrait fléchir. V. M. fera toujours de très bonnes affaires en n'écoutant qu'Elle même. C'est le meilleur et le plus respectueux conseil que j'ose lui donner, car je crois qu'il n'y a dans le monde personne qui La connaisse aussi bien que moi et qui ait été plus à même d'admirer ses vertus et sa force dans des moments bien critiques. « Tout ira, fiance en Dieu. » C'est la devise de ma famille, et j'y ai une croyance aveugle, ce qui ne doit pas beaucoup coûter à un borgne. V. M. ne saurait me rendre plus heureux qu'en m'écrivant le plus souvent qu'il lui sera possible. On tire le canon à mon avant-garde, je vais m'y rendre sur le Cortez, qui est le favori de mes chevaux.

## VI.

*Le même à la même.*

Sous couvert à la
baronne Mittrowsky.                    *Muccia,* sur la route de Foligno,
                                        le 8 mai 1815.

Nous faisons de terribles marches pour tourner le Roi de Naples.
Ma colonne prend sa direction sur Foligno, Spoleto, Rieti à Aquila
sur la crête des Appenins. Nous passerons tout près de la Sibille, la
plus haute montagne des Appenins; elle est couverte de neige et res-
semble au Jungfrauhorn, si V. M. s'en rappelle encore. J'ai consulté
cette sibille aujourd'hui, — elle était voilée et couverte de nuages
obscures; j'en tirais mauvais augure pour moi; vous savez comme je
suis superstitieux. Peut-être s'éclaircira-t-elle demain, où je veux
encore la consulter une fois comme le génie tutelaire de ces montagnes,
sur le compte duquel il y a mille anecdotes intéressantes des temps
passés. J'ai l'humeur extrêmement noire et triste. V. M. me le par-
donnera; j'en ai presque la fièvre et alors on déraisonne.

Nogent-le-Rotrou, imprimerie DAUPELEY-GOUVERNEUR.